I0759599

Esta agenda pertenece a:

Si la encuentras, por favor, ¡haz lo correcto!

AGENDA DEL DIARIO PARA ESTOICOS

366 días de escritura y reflexión sobre el arte de vivir

RYAN HOLIDAY

Y STEPHEN HANSELMAN

REVERTÉ MANAGEMENT

Barcelona / México

INTRODUCCIÓN

En su tienda de campaña del frente, cerca del río Granua, en la lejana provincia de Germania, el emperador Marco Aurelio se levantó al alba. Le costaba levantarse tan temprano, pero de todas maneras lo hacía; su trabajo lo requería. Bajo la luz de una lámpara, se sentó a la mesa y empezó a escribir en su diario sobre lo que le tenía reservado el día que acababa de empezar. «Me encontraré con maleducados, ingratos, insolentes, mentirosos, envidiosos y quisquillosos», escribió en griego para sí mismo con el objetivo de prepararse para las inevitables dificultades de la vida de un emperador, particularmente de la de uno que tenía la responsabilidad de dirigir un ejército y gobernar el Imperio desde el extranjero.

Que nadie piense que se trataba de una queja. En su tono no había rastro de frustración o resentimiento.

Marco Aurelio estaba practicando felizmente la filosofía que tanto amaba y de la que tanto dependía, el estoicismo. No reprochaba nada a sus semejantes o súbditos. Al contrario, para culminar ese pensamiento, anotaría que esos maleducados e ingratos «no pueden hacerme daño o cubrirme de vergüenza, como no puedo enfadarme con mis parientes ni odiarlos. Pues hemos nacido para colaborar». Y así pasó el resto de esa mañana, escribiendo pequeñas notas para sí mismo donde se preguntaba cómo vivir, cómo pensar o de qué debía estar agradecido. Luego, se dispuso a afrontar el día, no simplemente como un filósofo, sino como un auténtico *rey filósofo*.

Si pudiéramos retroceder en el tiempo un poco más, aproximadamente un siglo y una tarde antes de la meditación matutina de Marco Aurelio, nos encontraríamos a otro filósofo estoico haciendo algo bastante similar. Su nombre era Séneca, y fue dramaturgo, representante del pueblo y un intelectual influyente en las más altas esferas de poder en la corte de Nerón. En lugar de escribir su diario por la mañana, prefería hacerlo por la noche, para revisar, como él mismo decía, los acontecimientos de cada día. Séneca analizaba el día que acababa de terminar y se preguntaba si sus acciones habían sido justas, qué podría haber hecho mejor, qué impulsos podría controlar y cómo podría mejorar. «Reflexionamos sobre lo que vamos a hacer», le decía a su hermano mayor sobre su rutina nocturna, «y sin embargo nuestros planes para el futuro dependen del pasado». Analizar el día anterior es lo que permitió a Séneca prepararse para afrontar lo que le esperaba a la mañana siguiente.

Epicteto, otro famoso estoico, fue un antiguo esclavo que no disfrutó ni las comodidades ni del poder que disfrutaron Séneca o Marco Aurelio, y que repetía constantemente a sus alumnos que practicaran sus enseñanzas y escribieran sus pensamientos. En la obra *Disertaciones por Arriano*, dice: «Cada día y cada noche mantén estos pensamientos a mano: escríbelos, léelos en voz alta, habla contigo mismo y con los demás sobre ellos».

Así pues, la escritura matutina o la evaluación nocturna son dos de los ejercicios más esenciales y arraigados de la filosofía estoica, una tradición que se remonta más de dos mil años atrás. Ahora, gracias a la *Agenda del Diario para estoicos*, tú eres heredero de esa tradición y puedes continuarla escribiendo dos veces al día en busca de una buena vida.

A diferencia de otras muchas filosofías, el estoicismo no tenía la intención de dotar de sentido al universo. No se entretenía en discusiones bizantinas que pretendían descubrir de dónde venimos o en disputas teóricas sobre temas de esta índole. Los griegos diseñaron esta filosofía, que perfeccionaron los romanos, para que las mujeres y los hombres vivieran y *actuaran* en su vida cotidiana de manera que pudieran salir adelante en un mundo caótico. Y, como tal, era mucho más que un conjunto de enseñanzas o frases escritas hace tiempo. Era una serie de ejercicios intemporales, es decir, estrategias para atenuar los miedos o combatir los pensamientos destructivos, recordatorios de las cosas que damos por sentadas y consejos para resistir las tentaciones o encontrar la firmeza para afrontar los momentos difíciles. Esto significaba que el estoicismo no era algo que podía aprenderse inmediatamente o leer una sola vez. Quería decir que debía estudiarse y llevarlo a la práctica.

Consideremos el título de la única obra de Marco Aurelio, *Meditaciones*. Simplemente, eran meditaciones para sí mismo que reflexionaban sobre los principios filosóficos que aprendía y practicaba incluso en la vejez. En las cartas de Séneca podemos encontrar lo mismo. Es verdad, escribía para alguien, pero el destinatario principal era él mismo. Simplemente, pensaba en voz alta. Epicteto sobrevive a través de las notas que escribió su alumno Arriano, y pueden ser leídas como si cada día intentara responder a las interminables preguntas de sus alumnos: ¿Qué puedo hacer al respecto? ¿Cómo puedo gestionar este asunto? ¿Hay algún consejo para...?

En el libro *Diario para estoicos* intentamos recopilar un poco de esta sabiduría de forma clara y accesible para los lectores que no disponen de mucho tiempo. En lugar de traducir y volver a publicar las obras originales (una empresa que muchos otros han abordado a la perfección), creamos el primer volumen que reunía a todos los grandes estoicos con la intención de resaltar una de sus enseñanzas cada día. Los resultados fueron humildemente fantásticos. El libro estuvo tres meses en la lista de superventas a escala nacional, y su publicación fue el debut más importante de una recopilación de autores estoicos en más de dos mil años. Nuestro correo electrónico en DailyStoic.com se llenó de comentarios, lo que significa que cada mañana decenas de miles de aspirantes a estoicos leían lo mismo al mismo tiempo. Además, también empezamos a recibir fotos de lectores que habían llenado las páginas del *Diario para estoicos* y agendas Moleskine con pensamientos inspirados en la meditación diaria.

Por esta razón, decidimos crear esta Agenda, una guía complementaria del *Diario para estoicos,* y un recurso para cualquier persona que intente practicar esta filosofía. Realmente, nos sentimos muy honrados de que tengas este volumen en tus manos.

¿CÓMO USAR ESTA AGENDA?

Este libro presenta cincuenta y dos ejercicios o prácticas del estoicismo; uno para cada semana del año. Cada práctica va acompañada de algunas indicaciones para entender su significado y su aplicación, junto con algunas citas de los grandes estoicos para centrar tu atención en la práctica de la semana. La primera cita sobre cada práctica semanal coincide con las que aparecen en el *Diario para estoicos.* Cada día de la semana propone una reflexión que te ayudará a abordar tu escritura matutina o la evaluación nocturna. Las preguntas te servirán tanto si las lees junto con el *Diario para estoicos,* como si utilizas nuestras lecturas diarias por correo electrónico (en inglés) o cualquier otra fuente.

No hemos escrito un conjunto de mandamientos o un sistema paso a paso que deba cumplirse sin pensar (si no quieres responder a las preguntas, ignóralas y escribe sobre lo que creas que te será más beneficioso; además, al final del libro, en «Más consejos estoicos», se sugieren otras fuentes que puedes utilizar). Como dijo Séneca: «Los que fueron pioneros en estos caminos no son nuestros maestros, sino nuestros guías. La verdad está abierta a todos; no ha sido monopolizada».

La razón por la que estas prácticas estoicas han perdurado en el tiempo (y están disfrutando de un resurgimiento actualmente) es que se centran implacablemente en las situaciones a las que nos enfrentamos a diario, lo que Richard Sorabji llama «los altibajos ordinarios de la vida: el duelo, el fracaso profesional, los ascensos, la competencia feroz, el dinero, las invasiones, saqueos de ciudades, el exilio, las preocupaciones por la salud». Como dijo el filósofo estadounidense Brand Blashard, maravillado ante el legado de Marco Aurelio:

> «Ahora a pocos les importan los avances y los repliegues de los generales romanos. Lo que ha perdurado a través de los siglos es un diario de los pensamientos de un hombre cuya vida real era en gran parte desconocida y que anotó en la penumbra de la medianoche no los acontecimientos del día o los planes del mañana, sino algo de interés mucho más permanente: los ideales y aspiraciones por los que vivía un espíritu poco común».

Los estoicos romanos no se centraron en las palabras, sino en la acción. Como dijo Séneca de manera memorable: «La filosofía nos enseña cómo actuar, no cómo hablar». Esta tendencia hacia la mejora de nuestras acciones diarias fue algo que Epicteto colocó en el centro de su enseñanza, y que se resume en su advertencia de «no estar satisfecho con el mero aprendizaje, sino añadirle la práctica y luego el entrenamiento».

Este diario es un lugar para enfocar tu atención (*prosochē*) y tu práctica (*meletē*) mientras tratas de recordar y aplicar lo que estás aprendiendo en el camino hacia el progreso (*prokopē*). Cuando sigas las disciplinas estoicas de este diario, cada mañana te preguntarás, como hizo el gran estoico moderno Pierre Hadot: «¿Qué principios guiarán e inspirarán mis acciones?», y cada noche examinarás cuándo no cumpliste con esos principios y dónde has progresado. Puedes comenzar en cualquier fecha del calendario que elijas y continuar hasta completar el diario.

En conjunto, los cincuenta y dos ideales y aspiraciones ofrecen herramientas para cualquier situación. Ya sea para lidiar con malos hábitos como quejarse (Semana XXXI), la procrastinación (Semana XXXV), el pánico (Semana XXXIX), para encontrar alternativas menos destructivas a la ira (Semana XXIX), el miedo al futuro (Semana XXXIV), o lidiar con los hostiles (Semana XXXVIII), siempre encontrarás herramientas para poner en práctica. Obtendrás una poderosa herramienta al aprender la práctica de enfocar «la vista desde arriba» (Semana XXII), aprender a ver las cosas como las ven los demás (Semana XI), y asumir un modelo a seguir (Semana XXIII). Te entrenarás en conceptos básicos estoicos como la dicotomía del control (Semana I), enfocarse en el momento presente (Semana V) o poner a prueba tus impresiones (Semana XV).

Es importante recordar que no se trata de un concurso para comprobar si puedes vivir como un perfecto sabio o evitar ser corregido por alguien más avanzado que tú en el camino. ¡Cualquiera que use la filosofía de esa manera es decididamente no estoico! Como nos recordó Séneca: «Deja que la filosofía elimine tus propias faltas, en lugar de que sea una manera de criticar las de los demás». Piensa en esta agenda como un cepillo para tu alma, como cepillarte los dientes cada mañana y cada noche.

La lección final del libro es la más esencial de toda la filosofía estoica: aprender a convertir las palabras en obras. Esperamos que llegues hasta el final, y si lo haces, te alentamos a que empieces de nuevo el viaje al año siguiente, porque, como dijo Heráclito, tú ya no serás la misma persona y este no será el mismo libro.

SEMANA 1

LO QUE DEPENDE DE NOSOTROS, LO QUE NO DEPENDE DE NOSOTROS

El manual de Epicteto (el *Enchiridion)* comienza con el ejercicio más poderoso de todo el estoicismo: la distinción entre aquello que «depende de nosotros» (que está bajo nuestro control) y aquello que «no depende de nosotros». Esta dicotomía del control es el principio esencial de toda la filosofía estoica. No controlamos muchas de las cosas que perseguimos en la vida, y sin embargo nos enfadamos, nos entristecemos, nos sentimos heridos, asustados o celosos cuando no las conseguimos. De hecho, esas emociones y reacciones son casi lo único que podemos controlar. Si esta es la única lección sobre la que escribes o que recuerdas al acabar este año, considéralo un buen año. Un año plenamente filosófico.

> En esto consiste la tarea principal de la vida. Distingue las cosas, ponlas por separado y di: «Lo exterior no depende de mí, el albedrío depende de mí. ¿Dónde buscaré el bien y el mal? En lo interior, en mis cosas».
>
> EPICTETO, *DISERTACIONES POR ARRIANO*, 2.5.4-5

> Hay ciertas cosas que dependen de nosotros y otras que no. Dependen de nosotros la opinión, las inclinaciones, el deseo, la aversión y, en definitiva, todo lo que son nuestros propios actos. No dependen de nosotros el cuerpo, las riquezas, la reputación, los cargos y, en definitiva, todo lo que no son nuestros propios actos. Las cosas que dependen de nosotros son por naturaleza libres, no están sujetas a restricciones ni impedimentos; pero las cosas que no dependen de nosotros son débiles, serviles y están sujetas a restricciones impuestas por la voluntad de otros.
>
> EPICTETO, *ENQUIRIDIÓN*, 1.1

> De nosotros dependen el albedrío y todas las acciones del albedrío; no dependen de nosotros el cuerpo, las partes del cuerpo, las propiedades, los padres, los hermanos, los hijos, la patria y, sencillamente, quienes nos acompañan.
>
> EPICTETO, *DISERTACIONES POR ARRIANO*, 1.22.10

1 de enero ¿Qué cosas están verdaderamente bajo mi control?

REFLEXIÓN MATUTINA

REFLEXIÓN NOCTURNA

2 de enero ¿Para qué estoy aprendiendo y estudiando?

REFLEXIÓN MATUTINA

REFLEXIÓN NOCTURNA

3 de enero ¿A qué puedo renunciar para poder decir que sí a lo que realmente importa?

REFLEXIÓN MATUTINA

REFLEXIÓN NOCTURNA

4 de enero ¿Estoy viendo las cosas con claridad? ¿Actuando de manera generosa? ¿Aceptando aquello que no puedo cambiar?

REFLEXIÓN MATUTINA

REFLEXIÓN NOCTURNA

5 de enero ¿Cuál es mi propósito en la vida?

REFLEXIÓN MATUTINA

REFLEXIÓN NOCTURNA

6 de enero ¿Quién soy y qué defiendo?

REFLEXIÓN MATUTINA

REFLEXIÓN NOCTURNA

7 de enero ¿Cómo puedo mantener mi mente despejada de la contaminación?

REFLEXIÓN MATUTINA

REFLEXIÓN NOCTURNA

SEMANA II

LA ESFERA DE ELECCIÓN

Si el primer paso es discernir lo que está bajo nuestro control, el segundo es enfocar nuestra energía hacia aquello que podemos elegir. Los estoicos veían el alma como una esfera que, cuando estaba bien afinada, era una fortaleza invencible ante cualquier circunstancia o dificultad. Protegida por nuestra razón, esta esfera de elección (*prohairesis)* es como un templo sagrado y es lo único que verdaderamente poseemos en la vida. Somos el resultado de nuestras elecciones, y por ello es esencial que elijamos bien. Esta semana, reflexiona sobre las elecciones que se te presentan: sobre tus emociones, acciones, creencias y prioridades.

> Hay un camino para la serenidad —tenlo a mano al alba, durante el día y por la noche—: el rechazo a lo que no depende del albedrío, el no considerar nada como propio, el entregar todo al Genio, a la Fortuna.
>
> EPICTETO, *DISERTACIONES POR ARRIANO*, 4.4.39

> ¿Quién es el invencible? Aquel a quien no saca de sus casillas nada ajeno al albedrío.
>
> EPICTETO, *DISERTACIONES POR ARRIANO,* 1.18.21

> «El alma es una esfera, fiel a sí misma. No se proyecta hacia ninguna cosa externa ni se derrumba sobre sí misma, sino que irradia una luz que muestra la verdad de todas las cosas y la verdad en sí misma».
>
> MARCO AURELIO, *MEDITACIONES*, 11.12

8 de enero ¿A qué soy adicto?

REFLEXIÓN MATUTINA

REFLEXIÓN NOCTURNA

9 de enero Si no controlo lo que me ocurre, ¿qué me queda?

REFLEXIÓN MATUTINA

REFLEXIÓN NOCTURNA

10 de enero ¿Dónde encuentro estabilidad?

REFLEXIÓN MATUTINA

REFLEXIÓN NOCTURNA

11 de enero ¿Cuáles son las fuentes de inestabilidad en mi vida?

REFLEXIÓN MATUTINA

REFLEXIÓN NOCTURNA

12 de enero ¿Dónde se encuentra el camino hacia la serenidad?

REFLEXIÓN MATUTINA

REFLEXIÓN NOCTURNA

13 de enero ¿Qué puedo dejar fuera de mi círculo de control?

REFLEXIÓN MATUTINA

REFLEXIÓN NOCTURNA

14 de enero ¿Qué me hace perder el tiempo?

REFLEXIÓN MATUTINA

REFLEXIÓN NOCTURNA

SEMANA III

EL DESPERTAR

Cada día que escribes en esta agenda estás siguiendo los mismos pasos que Epicteto, Marco Aurelio y el resto de grandes estoicos. Los estoicos no afrontaban el día a día a su antojo, sino con preparación y disciplina. Pasaron tiempo pensando y anticipando lo que ocurriría durante el día, la semana o el año. Cada una de sus actividades matutinas —incluida escribir en un diario— fue diseñada como una preparación para afrontar el día. Y con tu trabajo en este libro, tú también estarás preparado.

Al punto de levantarse al alba, piensa:

- ¿Qué me falta para la impasibilidad?
- ¿Qué me falta para la imperturbabilidad?
- ¿Quién soy? ¿Un simple cuerpo, un heredero o una reputación? Ninguna de esas cosas.
- Entonces, ¿qué? Un ser racional.
- ¿Cuáles son mis obligaciones? Repasa todo lo que has hecho.
- ¿Cuándo me aparté de la serenidad?
- ¿Hice algo poco amistoso, insociable o ingrato?
- ¿Qué no llevé a cabo de lo necesario para esto?

EPICTETO, *DISERTACIONES POR ARRIANO*, 4.6.34-35

Al amanecer, cuando de mala gana y perezosamente despiertes, acuda puntual a ti este pensamiento: «Despierto para cumplir una tarea propia de hombre». ¿Voy, pues, a seguir disgustado, si me encamino a hacer aquella tarea que justifica mi existencia y para la cual he sido traído al mundo? ¿O es que he sido formado para calentarme, reclinado entre pequeños cobertores? «Pero eso es más agradable». ¿Has nacido, pues, para deleitarte? Y, en suma, ¿has nacido para la pasividad o para la actividad?

MARCO AURELIO, *MEDITACIONES*, 5.1

15 de enero ¿Sigo el curso establecido o estoy perdiendo el rumbo?

REFLEXIÓN MATUTINA

REFLEXIÓN NOCTURNA

16 de enero ¿Qué cosas he asumido sin cuestionarlas?

REFLEXIÓN MATUTINA

REFLEXIÓN NOCTURNA

17 de enero ¿Estoy haciendo un trabajo que importe?

REFLEXIÓN MATUTINA

REFLEXIÓN NOCTURNA

18 de enero ¿Puedo encontrar gracia y armonía en lugares que otros ignoran?

REFLEXIÓN MATUTINA

REFLEXIÓN NOCTURNA

19 de enero Buenas o malas, muchas o pocas, ¿todavía tengo opciones?

REFLEXIÓN MATUTINA

REFLEXIÓN NOCTURNA

20 de enero ¿Cómo puedo recuperar mis principios y empezar a vivir hoy?

REFLEXIÓN MATUTINA

REFLEXIÓN NOCTURNA

21 de enero ¿Qué ventajas me ofrece el ritual de llevar una agenda?

REFLEXIÓN MATUTINA

REFLEXIÓN NOCTURNA

SEMANA IV

UN POCO MEJOR CADA DÍA

Los estoicos consideraban que su vida era una obra en proceso. No se creían perfectos de nacimiento. En vez de eso, creían que con trabajo y dedicación podían mejorar un poco cada día. Existe un verdadero deleite en este progreso, como dijo Epicteto citando a Sócrates. Marco Aurelio persiguió con avidez su propia educación y progreso, buscando ansiosamente consejo en libros, mentores y ejemplos históricos. Sigue su ejemplo esta semana y verás cómo mejoras un poco a medida que pasa cada día.

Debemos vigilarnos constantemente y, como dijo Séneca, someter cada día a revisión. Analizar nuestro día nos ayuda a comprender dónde hemos errado en nuestro comportamiento y nos ofrece un *feedback* tangible para mejorar y crecer. Solo aquello que mides y registras puede analizarse, y solo puedes aprender de aquello sobre lo que decides reflexionar.

> Sin más, pondré la atención en mí y, cosa que resulta muy provechosa, revisaré mi jornada. Nos vuelve muy defectuosos el hecho de que nadie toma en consideración su vida; discurrimos sobre lo que hemos de hacer, y esto raras veces, pero no consideramos lo que hemos hecho; ahora bien, la previsión del futuro pende del pasado.
>
> SÉNECA, *EPÍSTOLAS MORALES A LUCILIO*, 83.2

> Debo a Rústico el haber comprendido la necesidad de... leer con reflexión, sin contentarme con una noticia superficial de los escritos; no dar fácil asenso a las personas que charlan de todo fuera de propósito.
>
> MARCO AURELIO, *MEDITACIONES*, 1.7

> Pero ¿qué dice Sócrates? «Igual que uno disfruta mejorando su campo, y otro su caballo, así yo disfruto día a día al percibir que me hago mejor».
>
> EPICTETO, *DISERTACIONES POR ARRIANO*, 3.5.14

22 de enero ¿Qué mal hábito he controlado hoy?

REFLEXIÓN MATUTINA

REFLEXIÓN NOCTURNA

23 de enero ¿Cuáles de mis posesiones me poseen?

REFLEXIÓN MATUTINA

REFLEXIÓN NOCTURNA

24 de enero ¿Estoy realizando un trabajo profundo?

REFLEXIÓN MATUTINA

REFLEXIÓN NOCTURNA

25 de enero ¿Qué valoro realmente?

REFLEXIÓN MATUTINA

REFLEXIÓN NOCTURNA

26 de enero ¿Cuál es mi mantra hoy?

REFLEXIÓN MATUTINA

REFLEXIÓN NOCTURNA

27 de enero ¿Qué estoy estudiando, practicando y entrenando?

REFLEXIÓN MATUTINA

REFLEXIÓN NOCTURNA

28 de enero ¿Con qué vara mido mis acciones?

REFLEXIÓN MATUTINA

REFLEXIÓN NOCTURNA

SEMANA V

CÉNTRATE EN EL MOMENTO PRESENTE

Marco Aurelio gobernó durante un periodo especialmente turbulento. Estallaron guerras en varios frentes. Plagas terribles asolaron Roma. Su gobierno sufrió sin duda una presión constante e implacable. Pero él nunca se sintió abrumado por todo eso. Gracias a los estoicos y al ejemplo de su padre adoptivo, el emperador Antonino Pío, Marco encontró una estrategia para afrontar esas situaciones basada en mantenerse centrado en el momento presente y en los deberes que tenía entre manos. Cuando el estrés nos desborda, podemos recordar sus prácticas y ejercicios para enfocarnos en lo que tenemos delante y no en todo lo que eso pueda significar.

> Siempre, a cualquier hora del día, procura conducirte como un buen romano, como ciudadano digno de este nombre, sin darte importancia, con amor hacia tus semejantes, con libertad, con justicia. Procura librarte, entonces, de otras preocupaciones, y seguramente lo conseguirás si cumples cada acto de tu vida como si fuese el último de tu existencia, es decir, sin precipitación, sin pasión alguna que te impida escuchar la razón; sin hipocresía, sin amor propio y sin indignación contra el destino. No son muchos preceptos, pero el que los observe puede estar seguro de llevar una vida dichosa, próspera y acorde a la Divinidad. Porque realmente esto es lo único que exigen los dioses.
>
> MARCO AURELIO, *MEDITACIONES*, 2.5

> Aunque debieras vivir tres mil años y aun diez veces otros tantos, acuérdate siempre que no se pierde otra vida que la que se vive y que solo se vive la que se pierde. Así, la vida más larga y la más corta vienen a reducirse a lo mismo. El momento presente que se vive es igual para todos; el que se pierde, lo es también, y este que se pierde llega a parecernos indivisible. Y es que no se pierde el pasado ni el futuro; pues aquello que no poseemos, ¿cómo podría arrebatársenos?
>
> MARCO AURELIO, *MEDITACIONES*, 2.14

> No te conturbes la imaginación representándote de un golpe toda tu vida. No consideres en conjunto las dolorosas pruebas de todo género que, sin duda, habrás de sufrir, sino a medida que las experimentes pregúntate: «¿Qué hay en esto que no sea soportable y llevadero?».
>
> MARCO AURELIO, *MEDITACIONES*, 8.36

29 de enero ¿Estoy concentrado en la tarea que tengo entre manos?

REFLEXIÓN MATUTINA

REFLEXIÓN NOCTURNA

30 de enero ¿Estoy conforme con permanecer indiferente respecto a las cosas que no importan?

REFLEXIÓN MATUTINA

REFLEXIÓN NOCTURNA

31 de enero ¿La filosofía puede encontrar alguna solución a mis problemas actuales?

REFLEXIÓN MATUTINA

REFLEXIÓN NOCTURNA

1 de febrero ¿Cómo puedo dominar mi temperamento?

REFLEXIÓN MATUTINA

REFLEXIÓN NOCTURNA

2 de febrero ¿Qué impulsos me hacen perder el control?

REFLEXIÓN MATUTINA

REFLEXIÓN NOCTURNA

3 de febrero ¿Tengo el control o me domina la ansiedad?

REFLEXIÓN MATUTINA

REFLEXIÓN NOCTURNA

4 de febrero ¿Estoy cultivando mi invencible poder para elegir?

REFLEXIÓN MATUTINA

REFLEXIÓN NOCTURNA

SEMANA VI

ABANDONA TUS OPINIONES

Epicteto decía que las opiniones eran «la causa de una mente perturbada». Creer que las cosas deben ser necesariamente tal y como opinamos que han de ser. Una de las palabras estoicas para referirse a las «opiniones» es «dogma». La práctica estoica parte del empeño implacable de abandonar esta forma de vida dogmática, de prescindir de la convicción de que puedes imponer tus opiniones y expectativas al mundo.

> Cabe la posibilidad, en lo concerniente a eso, de no hacer ninguna conjetura y de no turbar el alma; pues las cosas, por sí mismas, no tienen una naturaleza capaz de crear nuestros juicios.
>
> MARCO AURELIO, *MEDITACIONES*, 6.52

> Hoy me eximí de todo estorbo, o, mejor dicho, me desprendí de todos los estorbos, visto que el mal no estaba fuera, sino en mi interior, en mis opiniones.
>
> MARCO AURELIO, *MEDITACIONES*, 9.13

> Dos cosas hay que arrancar de los hombres: la opinión arbitraria y la desconfianza. Una opinión arbitraria es creer que a uno no le falta nada, y la desconfianza, suponer que no es posible ser feliz entre tantas vicisitudes.
>
> EPICTETO, *DISERTACIONES POR ARRIANO*, 3.14.8

> Expulsa la opinión injustificada. Pues es imposible empezar a aprender lo que uno cree saber.
>
> EPICTETO, *DISERTACIONES POR ARRIANO*, 2.17.1

5 de febrero ¿Pienso antes de actuar?

REFLEXIÓN MATUTINA

REFLEXIÓN NOCTURNA

6 de febrero ¿Qué conflicto innecesario puedo evitar?

REFLEXIÓN MATUTINA

REFLEXIÓN NOCTURNA

7 de febrero ¿Cómo puedo dominar el miedo y la preocupación antes de que ellos me dominen a mí?

REFLEXIÓN MATUTINA

REFLEXIÓN NOCTURNA

8 de febrero ¿Mis arrebatos mejoran las cosas alguna vez?

REFLEXIÓN MATUTINA

REFLEXIÓN NOCTURNA

9 de febrero ¿Qué pasaría si no tuviera opinión sobre algo?

REFLEXIÓN MATUTINA

REFLEXIÓN NOCTURNA

10 de febrero ¿Qué partes de mi vida controla la ira?

REFLEXIÓN MATUTINA

REFLEXIÓN NOCTURNA

11 de febrero ¿Es mi alma una buena gobernante o una tirana?

REFLEXIÓN MATUTINA

REFLEXIÓN NOCTURNA

SEMANA VII

VIGILA TUS PERCEPCIONES

Cada momento vivido nos trae una avalancha de impresiones del mundo que nos rodea, y nuestras mentes están llenas de las percepciones que surgen de ellas. Los estoicos nos enseñan que debemos vigilar constantemente esta avalancha, como si estuviéramos protegiendo algo de vital importancia. ¿Qué es eso que protegemos?: Nuestra paz mental, claridad y libertad, todas ellas ancladas en nuestras percepciones. Epicteto nos muestra que debemos prestar atención a aquello que importa y aprender a ignorar todas las distracciones constantes que se cruzan en nuestro camino.

> Atiende pues a las representaciones, mantente despierto. Que no es cosa banal lo custodiado, sino la honestidad, la lealtad, el equilibrio, la impasibilidad, la ausencia de tristeza o de temor, la imperturbabilidad. En una palabra: la libertad. ¿A cambio de qué vas a vender esto?
>
> Epicteto, *Disertaciones por Arriano,* 4.3.6-8

> Este es el principio de filosofar: la percepción inequívoca del principio rector de uno mismo.
>
> Epicteto, *Disertaciones por Arriano,* 1.26.15

> No estoy de acuerdo con esos que se lanzan en medio del oleaje y que, dando por buena una vida agitada, cada día se enfrentan con gran empeño a las dificultades. El sabio soportará esta forma de vida, no la escogerá, y preferirá hallarse en paz antes que en lucha.
>
> Séneca, *Epístolas morales a Lucilio,* 28.7

12 de febrero ¿A cambio de qué he renunciado a mi paz mental?

REFLEXIÓN MATUTINA

REFLEXIÓN NOCTURNA

13 de febrero ¿Qué placeres son en realidad castigos?

REFLEXIÓN MATUTINA

REFLEXIÓN NOCTURNA

14 de febrero ¿Cómo puedo escuchar mejor mi voz interior?

REFLEXIÓN MATUTINA

REFLEXIÓN NOCTURNA

15 de febrero ¿Estas fuertes emociones tienen algún sentido?

REFLEXIÓN MATUTINA

REFLEXIÓN NOCTURNA

16 de febrero ¿Qué estoy haciendo más difícil de lo que es en realidad?

REFLEXIÓN MATUTINA

REFLEXIÓN NOCTURNA

17 de febrero ¿Qué estoy posponiendo ahora mismo que me impida ser feliz?

REFLEXIÓN MATUTINA

REFLEXIÓN NOCTURNA

18 de febrero ¿Estoy practicando un entrenamiento riguroso contra las falsas impresiones?

REFLEXIÓN MATUTINA

REFLEXIÓN NOCTURNA

SEMANA VIII

REDUCE LOS DESEOS, AUMENTA LA FELICIDAD

Los estoicos sabían que desear menos aumenta la felicidad, y que desear más la aniquila. Epicteto centró gran parte de sus enseñanzas en ayudar a sus alumnos a reducir el hábito destructivo de desear más. Lo consideraba la clave para tener una vida y unas relaciones felices. Al practicar el arte de desear menos y estar agradecidos por aquello que ya tenemos, cambiamos el circuito interminable del placer y damos un paso real en el camino hacia una vida de verdadera satisfacción.

> Recuerda que en la vida debes comportarte como si estuvieras en un banquete. Imagina que algo llega a la mesa y está frente a ti. Alarga el brazo y toma un trozo con discreción. Imagina que pasa por delante de ti. No lo retengas. Imagina que todavía no te ha llegado. No des rienda suelta a tu deseo y espera a que esté frente a ti. Actúa así con respecto a los niños, con respecto a las mujeres y del mismo modo con los cargos oficiales, con la riqueza, y serás algún día un digno invitado a los banquetes de los dioses.
>
> Epicteto, *Enquiridión*, 15

> [Cuando] los niños meten la mano en un tarro de cuello estrecho para sacar higos con nueces, si se llenan la mano, no pueden sacarla y luego lloran. ¡Deja caer unos cuantos dulces y podrás sacar la mano! Frena tu deseo, no llenes tu corazón con demasiadas cosas y obtendrás lo que necesitas.
>
> Epicteto, *Disertaciones por Arriano*, 3.9.22

> La libertad no se consigue con la saciedad de lo deseado, sino con la supresión del deseo.
>
> Epicteto, *Disertaciones por Arriano*, 4.1.175

19 de febrero ¿Estoy contento con mi porción del banquete de la vida?

REFLEXIÓN MATUTINA

REFLEXIÓN NOCTURNA

20 de febrero ¿Merecen realmente la pena los placeres que persigo?

REFLEXIÓN MATUTINA

REFLEXIÓN NOCTURNA

21 de febrero ¿Qué puedo dejar de anhelar?

REFLEXIÓN MATUTINA

REFLEXIÓN NOCTURNA

22 de febrero ¿Estoy seguro de que no es mejor callar aquello que quiero decir?

REFLEXIÓN MATUTINA

REFLEXIÓN NOCTURNA

23 de febrero ¿Por qué enfadarse por algo, si el enfado no cambia nada?

REFLEXIÓN MATUTINA

REFLEXIÓN NOCTURNA

24 de febrero ¿Por qué me digo a mí mismo que me han hecho daño?

REFLEXIÓN MATUTINA

REFLEXIÓN NOCTURNA

25 de febrero ¿Me acordaré de esta pelea en unos meses?

REFLEXIÓN MATUTINA

REFLEXIÓN NOCTURNA

SEMANA IX

CULTIVA LA INDIFERENCIA

Algunas personas pasan sus vidas persiguiendo cosas agradables: salud, riqueza, placeres y logros. Otras intentan evitar las cosas desagradables con la misma energía: enfermedad, pobreza o dolor. Estos caminos parecen radicalmente opuestos, pero en realidad son lo mismo. Los estoicos se recordaban a sí mismos continuamente cuántas de las cosas que deseamos o que intentamos evitar se escapan a nuestro control. En lugar de perseguir imposibles, los estoicos se entrenaban con el fin de estar preparados para salir adelante en cualquier circunstancia. Se entrenaban para ser indiferentes. Este es un gran poder, y el cultivo de esta habilidad constituye un ejercicio muy valioso.

> De lo existente, unas cosas son buenas, otras malas y otras indiferentes. Buenas son las virtudes y lo que participa de ellas; malas, las maldades y lo que participa de la maldad; indiferente, lo que está entre ambas: la riqueza, la salud, la vida, la muerte, el placer, el dolor.
>
> EPICTETO, *DISERTACIONES POR ARRIANO*, 2.19.13

> La voluntad de mi prójimo es tan diferente de la mía como su alma y su cuerpo. La Naturaleza nos ha hecho, indudablemente, los unos para los otros; sin embargo, la razón que nos guía es distinta en cada uno de nosotros. De lo contrario, la perversidad de mi prójimo sería un mal para mí. Pero Dios no lo ha decretado de este modo, porque, de lo contrario, estaría en manos de otro el que yo fuese desgraciado.
>
> MARCO AURELIO, *MEDITACIONES*, 8.56

> En la vida encontramos comodidades e incomodidades, unas y otras no dependen de nosotros
>
> SENECA, *EPÍSTOLAS MORALES*, 92.16

26 de febrero ¿Por qué tengo que preocuparme cuando otro mete la pata?

REFLEXIÓN MATUTINA

REFLEXIÓN NOCTURNA

27 de febrero ¿Cómo puedo cultivar la indiferencia hacia aquello que no es importante?

REFLEXIÓN MATUTINA

REFLEXIÓN NOCTURNA

28 de febrero ¿Qué pasaría si me tomara un momento para recuperar la calma?

REFLEXIÓN MATUTINA

REFLEXIÓN NOCTURNA

29 de febrero Un mantra para el día del año bisiesto: No siempre puedes conseguir lo que quieres

1 de marzo ¿Con qué frecuencia me cuestiono cosas que otros dan por sentadas?

REFLEXIÓN MATUTINA

REFLEXIÓN NOCTURNA

2 de marzo ¿Me veo y me evalúo con precisión?

REFLEXIÓN MATUTINA

REFLEXIÓN NOCTURNA

3 de marzo ¿Estoy del lado del filósofo o de las masas?

REFLEXIÓN MATUTINA

REFLEXIÓN NOCTURNA

4 de marzo ¿Cuántas de mis limitaciones son en realidad autoimpuestas?

REFLEXIÓN MATUTINA

REFLEXIÓN NOCTURNA

SEMANA X

EL PRECIO JUSTO DE LAS COSAS

De los cínicos, los estoicos aprendieron la poderosa práctica de centrarse en el verdadero valor (*axia)* de las cosas. Que el coste de algo no es simplemente el precio por el que se vende, sino lo que le cuesta al propietario poseerlo. Buena parte de nuestro deseo de poseer bienes materiales supone un gran coste, tanto en ansiedad como en pérdida de serenidad. Incluso cuando los obtenemos, muchas veces estamos más ansiosos y menos serenos. Esta semana, dedica algún tiempo a reflexionar sobre lo que realmente cuestan las cosas que compras. Comprueba si realmente valen lo que has pagado.

> Así pues, en aquellas cosas a las que aspiramos, a las que tendemos con gran esfuerzo, hemos de considerar que o no contienen ventaja alguna, o contienen una mayor desventaja: algunas son superfluas, otras no tan valiosas. Pero esto no lo apreciamos claramente y nos parece gratuito lo que cuesta muy caro.
>
> SÉNECA, *EPÍSTOLAS MORALES A LUCILIO*, 42.6

> Si se te pidiera que pusieses tu cuerpo a disposición del primero que encuentres en el camino, te sentirías ofendido, pero poner tu entendimiento en manos del primero que encuentras, de modo que, si él te insulta, tu entendimiento se siente turbado y alterado, ¿eso no te avergüenza?
>
> EPICTETO, *ENQUIRIDIÓN*, 28

> [Diógenes de Sínope dijo] que las mejores cosas se venden por muy poco precio, y al contrario.
>
> DIÓGENES LAERCIO,
> *VIDAS Y OPINIONES DE LOS FILÓSOFOS MÁS ILUSTRES*, 6.2.10

5 de marzo ¿Realmente necesito esas cosas por las que trabajo tan duro?

REFLEXIÓN MATUTINA

REFLEXIÓN NOCTURNA

6 de marzo ¿En qué situaciones soy un bocazas?

REFLEXIÓN MATUTINA

REFLEXIÓN NOCTURNA

7 de marzo ¿Puedo probar mi opinión antes de confiar en ella?

REFLEXIÓN MATUTINA

REFLEXIÓN NOCTURNA

8 de marzo ¿Estoy protegiendo mi tiempo y mi atención?

REFLEXIÓN MATUTINA

REFLEXIÓN NOCTURNA

9 de marzo ¿Mi círculo social me hace mejor o peor?

REFLEXIÓN MATUTINA

REFLEXIÓN NOCTURNA

10 de marzo ¿Quién es mi modelo? ¿Por qué?

REFLEXIÓN MATUTINA

REFLEXIÓN NOCTURNA

11 de marzo ¿A cambio de qué he dado mi libertad? ¿Cómo puedo recuperarla?

REFLEXIÓN MATUTINA

REFLEXIÓN NOCTURNA

SEMANA XI

ADOPTA EL PUNTO DE VISTA DE OTRAS PERSONAS

Tendemos a pensar lo mejor sobre nuestras propias intenciones y lo peor sobre las de los demás. ¡Y luego nos preguntamos por qué la vida está tan llena de conflictos! Los estoicos le dieron la vuelta a este hábito, recordándose que debían cuestionar sus primeras reacciones y acercarse a los demás con simpatía. Los poderosos suelen ser sorprendentemente incapaces de comportarse de esta manera, pero Marco Aurelio, el hombre más poderoso de la tierra durante su reinado, era famoso por su humanidad en el trato con los demás. Siempre se dijo a sí mismo que debía recordar sus defectos y contemplar las situaciones desde la perspectiva de los demás. Se recordaba, como debemos hacer nosotros, que la mayoría de la gente actúa lo mejor que puede, pese a lo fácil que es perder la perspectiva en el fragor de la vida cotidiana. Tengamos presente eso esta semana y analicemos cada interacción no solo desde nuestro punto de vista.

> Cuando alguien actúa contra ti, considera qué juicio del bien y del mal se formó cuando obró mal. Porque discurriendo sobre esto, le compadecerás sin sorprenderte ni moverte a indignación. Porque, o te formarás tú también el mismo dictamen sobre el bien, u otro semejante, y así será razonable que le perdones; o no compartirás su opinión sobre el bien y el mal, y te será más fácil perdonarle por su ignorancia.
>
> Marco Aurelio, *Meditaciones*, 7.26

> Si durante los ejercicios físicos o en el gimnasio alguien nos hiere o nos da un cabezazo, no mostramos la menor indignación; si nos creemos ofendidos, procuramos evitarle, pero no cual si fuera un enemigo; obramos con discreción, mas no sospechamos de él en lo más mínimo. Que sea, pues, así en todas las demás circunstancias de la vida y dispensemos benévolamente muchas cosas a los que, en cierto modo, se ejercitan con nosotros. Conforme acabo de decir, nos está permitido evitar a cierta clase de individuos, pero sin sospechas ni odios.
>
> Marco Aurelio, Meditaciones, 6.20

12 de marzo ¿Qué cambiaría si intentara encontrar buenas intenciones en los demás?

REFLEXIÓN MATUTINA

REFLEXIÓN NOCTURNA

13 de marzo En vez de llamarlo mala suerte, ¿puedo verlo como algo inevitable?

REFLEXIÓN MATUTINA

REFLEXIÓN NOCTURNA

14 de marzo ¿Cómo es que mi arrogancia me impide aprender?

REFLEXIÓN MATUTINA

REFLEXIÓN NOCTURNA

15 de marzo ¿Qué pasaría si me centrara totalmente en el momento presente?

REFLEXIÓN MATUTINA

REFLEXIÓN NOCTURNA

16 de marzo ¿Aprecio la mente que se me ha dado?

REFLEXIÓN MATUTINA

REFLEXIÓN NOCTURNA

17 de marzo ¿Son bellas mis elecciones?

REFLEXIÓN MATUTINA

REFLEXIÓN NOCTURNA

18 de marzo ¿Qué suposiciones negativas puedo descartar?

REFLEXIÓN MATUTINA

REFLEXIÓN NOCTURNA

SEMANA XII

EL RETIRO PORTÁTIL

Es en el futuro —en unas vacaciones, en nuestro día libre, en una salida a la naturaleza— donde pensamos que encontraremos la paz y nos libraremos del ajetreo de la exigente vida cotidiana. Sin embargo, no nos ocurre tan a menudo como pensamos, ¿no es así? Y cuando conseguimos esa paz, es difícil conservarla una vez que volvemos al estrés del día a día. Para un estoico, esto es una locura. El verdadero retiro se encuentra en la libertad de nuestra propia mente y alma, en valorar los dones que ya tenemos y que pueden ser nuestro refugio permanente. Siempre que dediquemos tiempo, diariamente, para hacerlo.

> Para descansar se buscan las apacibles soledades del campo, las orillas del mar o las serenas montañas. Tú también deseas esto ardientemente y con frecuencia. Y, sin embargo, todo esto no es sino prueba de vulgaridad de espíritu, ya que en cualquier momento que elijamos podemos buscar un retiro incomparable dentro de nosotros mismos. En ninguna parte puede hallar el hombre un retiro tan apacible y tranquilo como en la intimidad de su alma, sobre todo si posee esos dones preciosos que, por sí solos, constituyen la libertad del alma, y entendiendo por libertad del alma el estado de un alma en que todo está perfectamente ordenado. Goza, pues, sin cesar de esta soledad y recobra en ella nuevas fuerzas.
>
> MARCO AURELIO, *MEDITACIONES*, 4.3.1

> Recuerda que no solo el ansia de poder y riqueza nos hace viles y subordinados a cosas ajenas, sino también el ansia de calma, ocio, viajes y letras. Sencillamente, sea lo que sea lo exterior, su aprecio nos subordina a otra cosa... Por eso, donde está el afán, allí está también el impedimento.
>
> EPICTETO, *DISERTACIONES POR ARRIANO*, 4.4.1-2, 15

> Ten presente que el guía interior llega a ser inexpugnable, siempre que, concentrado en sí mismo, se conforme absteniéndose de hacer lo que no quiere, aunque se oponga sin razón. ¿Qué será, pues, si, guiándose solo de la razón, ha formado una opinión firme después de maduro examen? De este modo, el alma, libre de toda pasión, es una especie de ciudadela. El hombre no podrá jamás encontrar un asilo donde se halle más seguro de huir para siempre del poder de un dueño. El que no conoce este asilo ha sido mal instruido y el que, conociéndolo, no se refugie en él, es un miserable.
>
> MARCO AURELIO, *MEDITACIONES*, 8.48

19 de marzo ¿Qué es lo que realmente me irrita? ¿Los factores externos o mis opiniones?

REFLEXIÓN MATUTINA

REFLEXIÓN NOCTURNA

20 de marzo ¿Estoy cultivando la virtud que hace soportable la adversidad?

REFLEXIÓN MATUTINA

REFLEXIÓN NOCTURNA

21 de marzo ¿Qué pasaría si buscara la paz donde estoy ahora en lugar de en tierras lejanas?

REFLEXIÓN MATUTINA

REFLEXIÓN NOCTURNA

22 de marzo ¿He confundido la escolarización con la *educación*?

REFLEXIÓN MATUTINA

REFLEXIÓN NOCTURNA

23 de marzo ¿Cómo puedo gestionar mis vicios? ¿Cómo puedo curar mi enfermedad?

REFLEXIÓN MATUTINA

REFLEXIÓN NOCTURNA

24 de marzo ¿Qué lecciones filosóficas puedo encontrar en lo cotidiano?

REFLEXIÓN MATUTINA

REFLEXIÓN NOCTURNA

25 de marzo ¿Me sentiría más rico si redujera mis necesidades?

REFLEXIÓN MATUTINA

REFLEXIÓN NOCTURNA

SEMANA XIII

RENUNCIA A LA NECESIDAD DE IMPRESIONAR

Si el deseo de impresionar y de gustar a los demás es innato en la especie humana, toda generación nacida antes de las redes sociales fue afortunada. Hoy en día nos enfrentamos a un flujo interminable de actualizaciones de estado que exige mostrar todas las cosas impresionantes que estamos haciendo, los obstáculos que hemos superado, los peligros que hemos sorteado y los triunfos que hemos logrado. Es agotador. Hace siglos, Epicteto detectó este orgullo y narcisismo incluso en sus estudiantes (que no tenían ordenador) y les recordó que no era algo inofensivo. De hecho, les dijo que destruiría sus propósitos vitales, los distraería y fatigaría. Séneca también consideró esta búsqueda de aprobación ajena como una de las desgracias de la vida. Observa estos impulsos esta semana, date cuenta de cuánto necesitas tu teléfono y las actualizaciones de estado y pregúntate: ¿Es este el tipo de persona que quiero ser? ¿Es esto lo que haría un filósofo?

> Si alguna vez quisieras fijarte en las cosas exteriores a fin de complacer a alguien, debes saber que eso significa que has extraviado tu camino en la vida. Concéntrate, pues, en todo, con ser un filósofo; y si quieres aparecer ante los ojos de otros como filósofo, aparece como tal ante ti mismo, y que eso te baste.
>
> EPICTETO, *ENQUIRIDIÓN*, 23

> En compañía, guárdate de hablar mucho de tus propios actos o de las penalidades que has pasado; pues, aunque a ti te complazca hacer mención de ello, no complacerá a los otros escucharte.
>
> EPICTETO, *ENQUIRIDIÓN*, 33.14

> Es grotesco aquel al que en un juicio a favor de litigantes más que desconocidos, mientras habla ya con demasiados años e intenta ganarse la aprobación de una audiencia inexperta, le falta el resuello.
>
> SÉNECA, *SOBRE LA BREVEDAD DE LA VIDA*, 20.2

26 de marzo ¿Me mantengo vigilante?

REFLEXIÓN MATUTINA

REFLEXIÓN NOCTURNA

27 de marzo ¿Qué cosas valiosas vendo demasiado baratas?

REFLEXIÓN MATUTINA

REFLEXIÓN NOCTURNA

28 de marzo ¿Mi entrenamiento está diseñado para ayudarme a estar a la altura de las circunstancias?

REFLEXIÓN MATUTINA

REFLEXIÓN NOCTURNA

29 de marzo ¿Por qué me importa tanto impresionar a los demás?

REFLEXIÓN MATUTINA

REFLEXIÓN NOCTURNA

30 de marzo Si no me guío por la razón, ¿qué me guía?

REFLEXIÓN MATUTINA

REFLEXIÓN NOCTURNA

31 de marzo ¿Puedo hoy dejar de perseguir lo imposible?

REFLEXIÓN MATUTINA

REFLEXIÓN NOCTURNA

1 de abril ¿Qué pensamientos están coloreando mi mundo?

REFLEXIÓN MATUTINA

REFLEXIÓN NOCTURNA

SEMANA XIV

LO QUE PUEDA IR MAL . . . QUIZÁ VAYA MAL

Llamamos «pesimistas» a las personas que se centran en lo que podría salir mal. Algunos incluso piensan que tener malos pensamientos atrae las desgracias. Los estoicos consideraban todo esto una tontería. De hecho, tenían una práctica de *prae meditatio malorum* (premeditación de los males) que fomentaba específicamente la reflexión sobre lo que podría pasar en el peor de los casos. Marco Aurelio empezaba su día pensando en todo lo desagradable que vería en la corte. Su propósito no era alterarse sino todo lo contrario. Buscaba la calma y centrarse en la preparación para actuar de la manera adecuada. Séneca también practicó la meditación anticipada, y no solo sobre lo que ocurre normalmente, sino también sobre todo lo que podía llegar a ocurrir. Epicteto llegó a imaginarse que perdía a un ser querido cada vez que lo besaba. Los estoicos creían que todo lo que tenemos es un préstamo de la Fortuna, y que la visualización negativa nos ayuda a tomar conciencia de lo inesperado: no huyas de esto en tus pensamientos.

> Cuando amanezca, piensa todos los días: hoy me encontraré a cualquier persona que tenga alguna de estas faltas: que sea un indiscreto, un ingrato, un insolente, un embustero, un envidioso, un egoísta. Los desgraciados tienen estos defectos porque no distinguen los verdaderos bienes y los verdaderos males. Pero yo, que he aprendido que el bien verdadero consiste en lo que es honesto y el mal verdadero está en lo vergonzoso, que conozco la naturaleza de quien comete la falta, que sé que es hermano mío, no de sangre y de carne, sino por nuestra común participación en un mismo espíritu procedente de Dios, no puedo sentirme ofendido por su parte, ya que nada de cuanto hago podría avergonzarme.
>
> Marco Aurelio, *Meditaciones*, 2.1

> Los reveses inesperados resultan más graves; la novedad aumenta el peso de la calamidad y no existe mortal alguno a quien no duela más la desgracia que, por añadidura, le ha sorprendido. Por ello nada hay que no deba ser previsto; nuestro ánimo debe anticiparse a todo acontecimiento y pensar no ya en todo lo que suele suceder, sino en todo lo que puede suceder. Pues ¿qué cosa hay que la fortuna no logre arrebatar, si le place, aun de la situación más próspera?
>
> Séneca, *Epístolas morales a Lucilio*, 91.3-4

2 de abril ¿Qué puedo hacer hoy para mantener alejado el drama?

REFLEXIÓN MATUTINA

REFLEXIÓN NOCTURNA

3 de abril ¿Están mis planes enfrentados unos con otros?

REFLEXIÓN MATUTINA

REFLEXIÓN NOCTURNA

4 de abril ¿Puedo luchar hoy para ser la persona que la filosofía quiere que sea?

REFLEXIÓN MATUTINA

REFLEXIÓN NOCTURNA

5 de abril ¿Qué pasaría si me detuviese a analizar mis opiniones y mis primeras reacciones?

REFLEXIÓN MATUTINA

REFLEXIÓN NOCTURNA

6 de abril ¿Puedo amar a las personas pese a que hagan cosas malas?

REFLEXIÓN MATUTINA

REFLEXIÓN NOCTURNA

7 de abril ¿En qué momento mis opiniones se convierten en parte del problema?

REFLEXIÓN MATUTINA

REFLEXIÓN NOCTURNA

8 de abril ¿Qué malos supuestos, hábitos o consejos he aceptado?

REFLEXIÓN MATUTINA

REFLEXIÓN NOCTURNA

SEMANA XV

PON A PRUEBA TUS IMPRESIONES

Una de las enseñanzas clave de Epicteto fue poner a prueba todas nuestras impresiones: cualquier experiencia, percepción o circunstancia que se nos presente. El filósofo utiliza diez veces en los *Discursos* y una vez en el prólogo del *Enchiridion* un verbo clave para enfatizar esta práctica, *dokimázō.* Esta palabra remite al ensayador, aquel que verifica la autenticidad de los metales finos y las monedas. En uno de los usos más memorables de este verbo, Epicteto compara la necesidad de poner a prueba nuestras impresiones con lo que se hace con las monedas, y cómo el comerciante experto puede oir el ruido de una moneda falsa arrojada sobre una mesa, igual que un músico detectaría una nota malsonante. Esta semana realizaremos el ejercicio de analizar todo lo que se nos presenta asumiendo que es falso o engañoso hasta que podamos probar lo contrario.

> Fijaos en lo que se refiere a la moneda: en lo que parece que nos concierne en algo, cómo hemos inventado un arte y de cuántos medios se sirve el perito para el contraste de las monedas... ponemos mucha atención en el juicio de las cosas que nos pueden engañar, pero en lo que se refiere al desdichado regente, aceptamos sin miramientos, bostezando y dormidos, cualquier representación. Porque el castigo no se nos viene encima.
>
> EPICTETO, *DISERTACIONES POR ARRIANO*, 1.20.8; 11

> Lo primero, no te dejes arrebatar por [la] intensidad [de la representación], sino di: «Espérame un poco, representación; deja que vea quién eres y de qué tratas, deja que te ponga a prueba».
>
> EPICTETO, *DISERTACIONES POR ARRIANO*, 2.18.24

> Ejercítate entonces en seguir el camino recto, diciendo a toda tosca apariencia: «Eres solo una apariencia y de ningún modo lo que pareces ser». Examínala según los criterios que posees, y, sobre todo, según este primero y principal: si tiene relación con las cosas que dependen de uno mismo o con las que no dependen de uno mismo; y si forma parte de estas últimas, estate presto a decir que no te concierne.
>
> EPICTETO, *ENQUIRIDIÓN*, 1.5

9 de abril ¿Puedo dar un paso atrás y poner a prueba mis impresiones? ¿Qué pasaría si lo hiciera?

REFLEXIÓN MATUTINA

REFLEXIÓN NOCTURNA

10 de abril ¿De qué manera mis juicios me provocan angustia?

REFLEXIÓN MATUTINA

REFLEXIÓN NOCTURNA

11 de abril ¿Soy capaz de dejar de pensar que ya lo sé todo y aprender algo?

REFLEXIÓN MATUTINA

REFLEXIÓN NOCTURNA

12 de abril ¿Cuál es la verdad acerca de los llamados «honores» y «riquezas»?

REFLEXIÓN MATUTINA

REFLEXIÓN NOCTURNA

13 de abril ¿Cómo sería vivir con menos?

REFLEXIÓN MATUTINA

REFLEXIÓN NOCTURNA

14 de abril ¿Es el balance de mi vida mejor que el balance de mi negocio?

REFLEXIÓN MATUTINA

REFLEXIÓN NOCTURNA

15 de abril La vida está llena de impuestos. ¿Estoy preparado para pagarlos?

REFLEXIÓN MATUTINA

REFLEXIÓN NOCTURNA

SEMANA XVI

CONTROL DE IMPULSOS

Si hay algo que te enfada, escríbelo aquí y analízalo. ¿Qué pasó? ¿Quién lo causó? Ahora piensa en tu reacción: ¿Qué dijiste? ¿Cómo te sentiste? ¿Esto mejoró o empeoró la situación? A Marco Aurelio, como emperador, sin duda muchas personas y situaciones le habrían hecho enfadar. Además, tenía poder y autoridad real. Aun así, descubrimos que se decía a sí mismo: «Tienes poder sobre tu mente, no sobre los acontecimientos. Date cuenta de esto y encontrarás la fuerza». Lo mismo ocurre con lo que te sucede a ti: no puedes controlar lo que sucedió, pero sí los impulsos que te hicieron actuar a raíz de ello.

> El mismo Epicteto recomendaba descubrir el modo de dar nuestro consentimiento; y en materia de proyectos, tener mucho cuidado en poner condiciones; respetar los derechos de la sociedad y nuestra dignidad; reprimir sin reserva alguna nuestros apetitos, pero no tratar de conjurar aquello que no depende de nosotros.
>
> Marco Aurelio, *Meditaciones*, 11.37

> Dondequiera que te encuentres abandonado, puedes ser un hombre feliz; entiendo por hombre feliz el que sabe procurarse una buena situación; y por buena situación, quiero decir buenos principios, nobles aspiraciones y actos ejemplares.
>
> Marco Aurelio, *Meditaciones*, 5.36

> Reflexiona así: eres viejo; no consientas por más tiempo que tu espíritu sea esclavo, ni que los instintos egoístas lo zarandeen como una marioneta. No te quejes de tu suerte presente ni temas la futura.
>
> Marco Aurelio, *Meditaciones*, 2.2

16 de abril ¿A qué puedo prestar más atención hoy?

REFLEXIÓN MATUTINA

REFLEXIÓN NOCTURNA

17 de abril ¿Soy capaz de dejar de sentirme herido por cualquier pequeñez?

REFLEXIÓN MATUTINA

REFLEXIÓN NOCTURNA

18 de abril ¿Necesito tener una opinión acerca de esto?

REFLEXIÓN MATUTINA

REFLEXIÓN NOCTURNA

19 de abril ¿Estoy dejando espacio para lo que pueda suceder?

REFLEXIÓN MATUTINA

REFLEXIÓN NOCTURNA

20 de abril ¿Cuáles son los pocos bienes reales?

REFLEXIÓN MATUTINA

REFLEXIÓN NOCTURNA

21 de abril ¿Cuánto tiempo puedo pasar sin que mi atención se disipe?

REFLEXIÓN MATUTINA

REFLEXIÓN NOCTURNA

22 de abril ¿Soy autoconsciente, autocrítico y autodeterminado?

REFLEXIÓN MATUTINA

REFLEXIÓN NOCTURNA

SEMANA XVII

LA LIBERTAD DE DESPRECIAR

El lenguaje que utilizamos para describir las cosas les atribuye un valor. Frecuentemente embellecemos el lenguaje con superlativos para ayudar a que nuestras elecciones de lo que compramos, vestimos, comemos o bebemos parezcan mucho mejores de lo que realmente son. Como emperador, Marco Aurelio podía tener en su mesa el mejor vino falerno en cualquier comida, pero prefería recordarse a sí mismo que solo era zumo de uva. Además, él era el único romano al que se permitía usar una capa púrpura, pero se esforzó en señalar que su capa era como cualquier otra, solo que estaba teñida con sangre de marisco para conseguir ese tono púrpura. Esta semana, practica reducir tus propios lujos y referirte a las cosas que anhelas con cierto desprecio. Descríbelas con el lenguaje más contundente que puedas y comprueba cómo disminuye su poder sobre ti.

> Ante los exquisitos manjares y otros alimentos que me son presentados, puedo perfectamente decirme: esto es un cadáver de pescado, aquello un cadáver de pollo o de cerdo; o también, este falerno es un poco de zumo de uva, aquel vestido de púrpura no es más que un tejido de lana vieja de oveja teñido del color de sangre extraído de una concha. En cuanto a los placeres del amor, solo son un contacto de cuerpos, un friccionar de nervios, que produce el espasmo y la excreción de una materia espermática. Y del mismo modo que estas ideas, que van directamente al hecho y penetrando en lo más recóndito de los objetos, dan a conocer lo que son en realidad, es necesario obrar con todas las cosas de esta vida.
>
> Marco Aurelio, *Meditaciones*, 6.13

> Conviene acordarse constantemente de aquellos que por una causa u otra se enfadaron excesivamente o de aquellos que alcanzaron la cumbre de los honores, de la desgracia, del odio o de las suertes más dispares. Después, reflexiona: ¿Ahora qué queda de todo esto? Humo, ceniza y leyenda, y ni aun esta última.
>
> Marco Aurelio, *Meditaciones*, 12.27

> El sabor del vino puro y el sabor del mosto lo conoces; nada importa que sean cien o mil las ánforas que pasan por tu vejiga: eres un filtro.
>
> Séneca, *Epístolas morales a Lucilio*, 77.16

23 de abril ¿Cómo estoy cuidando mi mente?

REFLEXIÓN MATUTINA

REFLEXIÓN NOCTURNA

24 de abril Coches bonitos, joyas, buen vino... ¿qué son realmente estas cosas?

REFLEXIÓN MATUTINA

REFLEXIÓN NOCTURNA

25 de abril ¿Estoy dispuesto a admitirlo cuando me equivoco?

REFLEXIÓN MATUTINA

REFLEXIÓN NOCTURNA

26 de abril ¿Cómo puedo aprender de mis compañeros de entrenamiento?

REFLEXIÓN MATUTINA

REFLEXIÓN NOCTURNA

27 de abril En cualquier caso, ¿cuánto duran las alabanzas?

REFLEXIÓN MATUTINA

REFLEXIÓN NOCTURNA

28 de abril ¿Qué poder me arrebata lo que deseo?

REFLEXIÓN MATUTINA

REFLEXIÓN NOCTURNA

29 de abril ¿Cómo me siento al mirar el cielo?

REFLEXIÓN MATUTINA

REFLEXIÓN NOCTURNA

SEMANA XVIII

DEMUESTRA, NO LO CUENTES

El arte de vivir no es un conjunto de enseñanzas o una fórmula que podamos memorizar. Es una práctica que requiere trabajo constante. Epicteto les recordaba siempre a sus alumnos que no repitieran como loros lo que habían oído en la sala de conferencias o leído en los libros, sino que lo pusieran en práctica. Sabía que el progreso que se podía constatar era mejor que el que se anunciaba. Deja que tu escritura de esta semana muestre lo que has hecho y lo que estás haciendo, no lo que planeas hacer o lo que piensas que eres. Deja que sea un catálogo de tus acciones, tus buenas acciones.

> Los que han recibido los preceptos pelados quieren vomitarlos inmediatamente como los enfermos del estómago el alimento. Primero digiérelos y luego no los vomites así. Si no, se transformarán en vómito, una cosa impura e incomestible. Por el contrario, si los procesas, mostrarán algún cambio en ti, como los hombros de los atletas cuando comen y se ejercitan, como los que han recibido las artes según lo que aprendieron.
>
> EPICTETO, *DISERTACIONES POR ARRIANO*, 3.21.1-3

> Ejercítate primero en que no se conozca quién eres. Filosofa para ti un poco de tiempo. Así nace el fruto. La semilla, para llegar a la madurez, ha de estar enterrada un tiempo, estar oculta, crecer poco a poco. Si echa la espiga antes de encañar, no llega a término… Tú eres uno de esos plantones; floreciste antes de lo necesario, te quemará el invierno.
>
> EPICTETO, *DISERTACIONES POR ARRIANO*, 4.8.35-38

30 de abril ¿Mis acciones se corresponden con mi carácter?

REFLEXIÓN MATUTINA

REFLEXIÓN NOCTURNA

1 de mayo ¿Mis acciones, y mi pensamiento, coinciden con mi filosofía?

REFLEXIÓN MATUTINA

REFLEXIÓN NOCTURNA

2 de mayo ¿Qué tipo de persona quiero ser?

REFLEXIÓN MATUTINA

REFLEXIÓN NOCTURNA

3 de mayo ¿Estoy demostrando o contando?

REFLEXIÓN MATUTINA

REFLEXIÓN NOCTURNA

4 de mayo ¿Cómo puedo emplear mi dinero en ayudar a los demás?

REFLEXIÓN MATUTINA

REFLEXIÓN NOCTURNA

5 de mayo ¿Acaso tengo un proyecto de vida?

REFLEXIÓN MATUTINA

REFLEXIÓN NOCTURNA

6 de mayo ¿Estoy buscando la belleza de la excelencia humana?

REFLEXIÓN MATUTINA

REFLEXIÓN NOCTURNA

SEMANA XIX

SOMOS EL PRODUCTO DE NUESTROS HÁBITOS

Los estoicos romanos hacían hincapié en la gestión de los comportamientos cotidianos con el fin de progresar en el arte de vivir. El gran educador estoico romano Musonio Rufo sostenía que ninguna teoría del mundo podía superar a los buenos hábitos (o acabar con los malos). Epicteto siguió a Musonio en este enfoque de los hábitos, intentando no reforzar los malos hábitos —como la ira— y encontrar la manera de sustituirlos por otros mejores. Todos somos capaces de reconocer malos hábitos cuando los vemos en los demás, pero es un poco más difícil verlos en nosotros mismos. Esta semana medita sobre qué hábitos o comportamientos recurrentes te están frenando o pide a alguien cercano que te ayude.

> Todo hábito y facultad se mantiene y acrecienta por medio de las acciones correspondientes: la de pasear, por medio del paseo; la de correr, por medio de la carrera... Por lo tanto, en general, si quieres hacer algo, hazlo habitualmente. Si quieres dejar de hacer algo, no lo hagas, pero acostúmbrate a hacer otra cosa en su lugar. Así pasa también con los estados de ánimo. Cuando te irrites, date cuenta de que no solo te ha pasado esa cosa mala, sino que, además, has acrecentado el hábito y que es como haber echado broza al fuego.
>
> Epicteto, *Disertaciones por Arriano*, 2.18.1-5

> Si no quieres ser iracundo, no alimentes tu costumbre, no pongas en ella nada que la haga crecer. Mantente tranquilo el primer día, y cuenta los días que no te enfadaste. «Solía irritarme a diario; ahora, un día sí y otro no» (luego cada tres días, cada cuatro). Si lo dejas durante treinta, ofrece un sacrificio a la divinidad. Pues la costumbre, al principio se debilita, y, luego, incluso desaparece por completo. Cuando puedas decir «no he perdido los estribos y he conservado la calma cuando me provocaron», hoy, pasado mañana o durante tres cuatro meses, entonces, estarás más sano.
>
> Epicteto, *Disertaciones por Arriano*, 2.18.12-14

> ¿Que en qué consiste encontrar un remedio para la costumbre? En la costumbre contraria.
>
> Epicteto, *Disertaciones por Arriano*, 1.27.4

7 de mayo ¿Qué es lo bueno que puedo obtener hoy de mí mismo?

REFLEXIÓN MATUTINA

REFLEXIÓN NOCTURNA

8 de mayo ¿Qué maldad surge de mis propias decisiones?

REFLEXIÓN MATUTINA

REFLEXIÓN NOCTURNA

9 de mayo ¿Aprovecharé este día?

REFLEXIÓN MATUTINA

REFLEXIÓN NOCTURNA

10 de mayo ¿Puedo hacer hoy algo valiente?

REFLEXIÓN MATUTINA

REFLEXIÓN NOCTURNA

11 de mayo ¿Dónde me crea problemas mi falta de autocontrol?

REFLEXIÓN MATUTINA

REFLEXIÓN NOCTURNA

12 de mayo ¿Qué pasaría si siempre respondiera con amabilidad?

REFLEXIÓN MATUTINA

REFLEXIÓN NOCTURNA

13 de mayo ¿Qué malos hábitos estoy alimentando?

REFLEXIÓN MATUTINA

REFLEXIÓN NOCTURNA

SEMANA XX

ENUMERA TUS PRIVILIEGIOS

Es fácil quejarse de las cosas que nos faltan en la vida, y es mucho más difícil apreciar todo lo que ya tenemos. Séneca nos recordó que todo lo que necesitamos para ser felices está justo delante de nosotros, y que esos lujos que quizá nos pueden faltar supondrían un gran coste, a expensas de lo que ya tenemos. Marco Aurelio estaba de acuerdo, y se recordaba a sí mismo que debía considerar las bendiciones presentes e imaginar cómo sería no tenerlas (y cuánto las echaría de menos). Enumera tus privilegios esta semana. Toma nota conscientemente de todo aquello que eres afortunado de tener y disfrutar, para que puedas ver claramente, como decía Epicteto, de dónde provienen y sentirte agradecido por ello.

> No imagines las cosas ausentes como ya presentes; antes bien, selecciona entre las presentes las más favorables y, a la vista de esto, recuerda cómo las buscarías, si no estuvieran presentes. Pero al mismo tiempo ten precaución, no vaya a ser que, por complacerte hasta tal punto en su disfrute, te habitúes a sobrestimarlas, de manera que, si alguna vez no estuvieran presentes, pudieras sentirte inquieto.
>
> Marco Aurelio, *Meditaciones*, 7.27

> El ordenador del mundo que ha establecido las normas de la existencia ha determinado que nos conservemos sanos, no [en opulencia]: para conservar la salud todo está preparado y dispuesto; para las delicias, todo se ha de conseguir con sufrimiento y afán. Hagamos uso de este beneficio de la naturaleza, que deberemos valorar entre los grandes.
>
> Séneca, *Epístolas morales a Lucilio*, 119.15

> Es fácil alabar a la providencia por cada cosa de las que suceden en el mundo si uno posee estas dos cosas: la capacidad de comprender cada suceso y la del agradecimiento. Si no, uno no verá la utilidad de los sucesos, y el otro no lo agradecerá, aunque lo vea.
>
> Epicteto, *Disertaciones por Arriano*, 1.6.1-2

14 de mayo ¿Mis acciones contribuyen a mi bienestar?

REFLEXIÓN MATUTINA

REFLEXIÓN NOCTURNA

15 de mayo ¿Qué bendiciones puedo enumerar ahora mismo?

REFLEXIÓN MATUTINA

REFLEXIÓN NOCTURNA

16 de mayo ¿Cómo estoy impulsando mis buenos hábitos?

REFLEXIÓN MATUTINA

REFLEXIÓN NOCTURNA

17 de mayo ¿Me encuentro en el camino del progreso?

REFLEXIÓN MATUTINA

REFLEXIÓN NOCTURNA

18 de mayo ¿Mi atención está realmente centrada en las cosas que tengo a mano?

REFLEXIÓN MATUTINA

REFLEXIÓN NOCTURNA

19 de mayo ¿En qué situación estoy haciendo lo contrario a lo que debería?

REFLEXIÓN MATUTINA

REFLEXIÓN NOCTURNA

20 de mayo ¿Cuáles son las semillas que estoy plantando y cuál será el resultado?

REFLEXIÓN MATUTINA

REFLEXIÓN NOCTURNA

SEMANA XXI

PRACTICA LA VERDADERA ALEGRÍA

Los estoicos consideraban que la alegría (*chara)* era una de las buenas pasiones, digna de ser practicada en el día a día. Pero la alegría estoica no tiene nada que ver con el deleite de los sentidos ni con el placer material. Para Marco Aurelio, la alegría consistía en ser amable con los demás. Para Séneca, era liberarse del miedo al sufrimiento o a la muerte. Como dice Séneca, disfrutemos con Demócrito y participemos con alegría en nuestro «verdadero trabajo humano». Esta semana, pregúntate dónde puedes encontrar la alegría y qué bien puedes hacer con ella.

> No hay nada que colme tanto de alegría al hombre como el comportarse de acuerdo con la naturaleza humana. Luego, es propio en el hombre amar a sus semejantes, despreciar todo lo que afecta a los sentidos, distinguir lo falso de lo verdadero, observar cuidadosamente la naturaleza universal y acatar todos los acontecimientos que las leyes nos aporten.
>
> MARCO AURELIO, *MEDITACIONES*, 8.26

> Créeme, el gozo verdadero es cosa seria. ¿Juzgas, acaso, que alguien de aspecto disoluto va a menospreciar la muerte, abrir sus puertas a la pobreza, poner freno a los placeres y ejercitarse en la tolerancia del dolor? Quien se aplica estos principios, disfruta de un gozo inmenso, aunque poco atrayente. Quiero que te halles en la posesión de este gozo; nunca te faltará una vez que hayas encontrado la fuente que lo sustenta.
>
> SÉNECA, *EPÍSTOLAS MORALES A LUCILIO*, 23.4

> [Heráclito] cada vez que se presentaba en público, lloraba, [Demócrito] reía; a este todo lo que hacemos le parecía una desgracia, a aquel una estupidez.
>
> SÉNECA, *SOBRE LA TRANQUILIDAD DEL ESPÍRITU*, 15.2

21 de mayo ¿Puedo recibir un golpe y continuar en el cuadrilátero?

REFLEXIÓN MATUTINA

REFLEXIÓN NOCTURNA

22 de mayo ¿Puedo ser una buena persona aquí y ahora?

REFLEXIÓN MATUTINA

REFLEXIÓN NOCTURNA

23 de mayo ¿Puedo empezar a vivir aquí y ahora?

REFLEXIÓN MATUTINA

REFLEXIÓN NOCTURNA

24 de mayo ¿Cómo puedo atraer mi propia suerte?

REFLEXIÓN MATUTINA

REFLEXIÓN NOCTURNA

25 de mayo ¿Qué acciones amables o desinteresadas me traerán alegría?

REFLEXIÓN MATUTINA

REFLEXIÓN NOCTURNA

26 de mayo ¿Y si dejara de importarme lo que piensen los demás?

REFLEXIÓN MATUTINA

REFLEXIÓN NOCTURNA

27 de mayo ¿Por qué pequeñas cosas debería preocuparme?

REFLEXIÓN MATUTINA

REFLEXIÓN NOCTURNA

SEMANA XXII

LA VISTA DESDE ARRIBA

La manera de escapar de las preocupaciones insignificantes de la vida cotidiana requiere tomarse un tiempo y obtener lo que los estoicos llaman «la vista desde arriba». Marco Aurelio recordaba esto frecuentemente. Había aprendido de Heráclito que todo en el mundo está en constante cambio, y que recordar esto podía eliminar el estrés y las preocupaciones. Esta semana no te conformes con mirar de cerca aquello con lo que lidias en tu vida; intenta mirarlo también desde lejos. Intenta describir cómo se verían desde un punto de vista más elevado tus problemas, preocupaciones y obsesiones.

> Bello el texto de Platón: «Preciso es que quien hace discursos sobre los hombres examine también lo que acontece en la tierra, como desde una atalaya: manadas, ejércitos, trabajos agrícolas, matrimonios, divorcios, nacimientos, muertes, tumulto de tribunales, regiones desiertas, poblaciones bárbaras diversas, fiestas, reuniones públicas, toda la mezcla y la conjunción armoniosa procedente de los contrarios».
>
> MARCO AURELIO, *MEDITACIONES*, 7.48

> Contempla el curso de los astros, como si tú evolucionaras con ellos, y considera sin cesar las transformaciones mutuas de los elementos. Porque estas imaginaciones purifican la suciedad de la vida a ras de suelo.
>
> MARCO AURELIO, *MEDITACIONES*, 7.47

> «Lo que vemos como orden cósmico es solo una masa desordenada de cosas que no admite comparación con el oro del puro estado del fuego».
>
> HERÁCLITO (citado por Clemente de Alejandría)

28 de mayo ¿Qué debo pensar antes de actuar?

REFLEXIÓN MATUTINA

REFLEXIÓN NOCTURNA

29 de mayo ¿Qué trabajo alimenta mi mente?

REFLEXIÓN MATUTINA

REFLEXIÓN NOCTURNA

30 de mayo ¿Trabajo duramente para un buen fin?

REFLEXIÓN MATUTINA

REFLEXIÓN NOCTURNA

31 de mayo ¿Si mi vocación es ser una buena persona, estoy haciendo un buen trabajo?

REFLEXIÓN MATUTINA

REFLEXIÓN NOCTURNA

1 de junio ¿Tengo prevista una alternativa para todas las situaciones?

REFLEXIÓN MATUTINA

REFLEXIÓN NOCTURNA

2 de junio ¿Hay algún árbol que me impida ver el bosque?

REFLEXIÓN MATUTINA

REFLEXIÓN NOCTURNA

3 de junio ¿Tengo una alternativa para mi alternativa prevista?

REFLEXIÓN MATUTINA

REFLEXIÓN NOCTURNA

SEMANA XXIII

MODELOS DE CONDUCTA

La adopción era una práctica generalizada en la sociedad romana, especialmente, en la clase senatorial y para resolver las sucesiones imperiales. El propio Marco Aurelio era hijo adoptivo del emperador Antonino Pío, que a su vez fue adoptado por el emperador Adriano, para que Marco Aurelio pudiera algún día sucederles a ambos. Aunque Séneca no fue adoptado, su hermano Novato sí lo fue. Se convirtió en Galión, quien en el Nuevo Testamento se negó a presentar cargos contra San Pablo. Pero a Séneca le gustaba mirar el fenómeno de la adopción a la inversa, diciendo que siempre podemos elegir de quién queremos ser hijos. Él siempre tuvo presente a Catón, el imponente y resuelto estoico que arremetió contra Julio César en defensa de la República. El primer libro de las *Meditaciones* de Marco Aurelio es un catálogo de todas las personas de las que él había aprendido y las lecciones que le habían inspirado sus vidas. Dedica esta semana a pensar en los modelos que puedas seguir, en personas sabias y admirables con las que medirte.

> Solemos decir que no estuvo en nuestra mano qué padres nos tocaban en suerte, que nos fueron dados al azar: mas nos es posible nacer para nosotros a nuestro albedrío.
>
> SÉNECA, *SOBRE LA BREVEDAD DE LA VIDA*, 15.3

> La mayoría de las faltas se evitan si un testigo permanece junto a quienes van a cometerlas. El alma debe tener alguien a quien venerar, cuyo ascendiente haga aún más sagrada su intimidad. ¡Bienaventurado aquel de quien no solo la presencia, sino hasta el recuerdo nos mejora!
>
> SÉNECA, *EPÍSTOLAS MORALES A LUCILIO*, 11.9

4 de junio ¿Soy consciente de lo resistente y fuerte que soy capaz de ser?

REFLEXIÓN MATUTINA

REFLEXIÓN NOCTURNA

5 de junio ¿Puedo sonarme la nariz en lugar de pedirle a alguien que lo haga por mí?

REFLEXIÓN MATUTINA

REFLEXIÓN NOCTURNA

6 de junio ¿Es momento para quedarme o para abandonar?

REFLEXIÓN MATUTINA

REFLEXIÓN NOCTURNA

7 de junio ¿Qué mentores —vivos o muertos— debo seguir?

REFLEXIÓN MATUTINA

REFLEXIÓN NOCTURNA

8 de junio Si me tomo las cosas con paciencia, paso a paso, ¿qué podría conquistar?

REFLEXIÓN MATUTINA

REFLEXIÓN NOCTURNA

9 de junio ¿Qué necesito cortar de raíz ahora mismo?

REFLEXIÓN MATUTINA

REFLEXIÓN NOCTURNA

10 de junio Si otra persona fue suficientemente fuerte como para hacerlo, ¿por qué no yo?

REFLEXIÓN MATUTINA

REFLEXIÓN NOCTURNA

SEMANA XXIV

PRUEBA EL OTRO ASIDERO

Epicteto ofreció una poderosa herramienta en su libro, el *Enquiridión* o *Manual de Epicteto,* que los estoicos utilizan como ejercicio para tomar decisiones difíciles. Todo, dijo Epicteto, tiene dos posibles interpretaciones, dos asideros por los que puede agarrarse: uno que lo hará más difícil y otro que lo hará más sencillo. ¿Te ofendes por cualquier cosa? ¿O te orientas hacia el terreno común? ¿Te centras en lo que salió mal? ¿O en lo que salió bien? Esta semana pregúntate sobre todo lo que ves y sientes. Asegúrate de estar utilizando el asidero correcto.

> Todo tiene dos asas, una por la que puede ser llevado y otra por la que no. Si tu hermano actúa injustamente no agarres el acto por el asa de que él actúa injustamente, pues esa es el asa por la que no puede ser llevado; agárralo por la otra, por la de que es tu hermano y se ha criado contigo; así lo agarrarás por el asa por la que puede ser llevado.
>
> EPICTETO, *ENQUIRIDIÓN*, 43

> Pero son las cosas las que son temibles para cada uno, y cuando alguien puede proveérselas o arrebatárselas a uno, entonces es cuando ese se vuelve temible. ¿Cómo, entonces, se destruye una fortaleza? No por el hierro ni por el fuego, sino por las opiniones… Por aquí hay que empezar y desde aquí hay que abatir la fortaleza; expulsar a los tiranos.
>
> EPICTETO, *DISERTACIONES POR ARRIANO*, 4.1.85-86, 87

11 de junio ¿Cuántas veces la ira es más destructiva que aquello que la causó?

REFLEXIÓN MATUTINA

REFLEXIÓN NOCTURNA

12 de junio ¿Estoy aprendiendo a ser flexible?

REFLEXIÓN MATUTINA

REFLEXIÓN NOCTURNA

13 de junio ¿Estoy cumpliendo mi labor en la vida o me estoy quedando dormido mientras pasa?

REFLEXIÓN MATUTINA

REFLEXIÓN NOCTURNA

14 de junio ¿Tengo control sobre la gestión correcta de esta situación?

REFLEXIÓN MATUTINA

REFLEXIÓN NOCTURNA

15 de junio ¿Hoy puedo escuchar más y hablar menos?

REFLEXIÓN MATUTINA

REFLEXIÓN NOCTURNA

16 de junio ¿En qué necesito ayuda? ¿A quién puedo pedírsela?

REFLEXIÓN MATUTINA

REFLEXIÓN NOCTURNA

17 de junio ¿Qué estoy atribuyendo al azar o a la suerte cuando en realidad depende de mí?

REFLEXIÓN MATUTINA

REFLEXIÓN NOCTURNA

SEMANA XXV

SAL A DAR UN PASEO

Séneca creía que debemos dar paseos sin rumbo con frecuencia, porque el trabajo constante afecta a nuestra mente. (Como escritor habría estado de acuerdo con las palabras de la novelista Helen Dunmore: «Un problema con la escritura de un fragmento de texto a menudo se aclara por sí solo si vas a dar un largo paseo)». Da algunos buenos paseos esta semana y observa cómo se aleja la monotonía y la debilidad. Disfruta del paisaje, disfruta de estar lejos de tu trabajo. Haz de los paseos parte de tu escritura matutina y nocturna. Vuelve con la mente estimulada y preparada para escribir en la agenda y seguir la filosofía que conoces. Es posible que creas que estás tomando un «descanso», pero en realidad regresas más inteligente y eres capaz de ver las cosas con más claridad que antes.

> [Hay que] pasear caminando campo a través, para que con el aire libre respirado en abundancia el espíritu se engrandezca y se eleve.
>
> SÉNECA, *SOBRE LA TRANQUILIDAD DEL ESPÍRITU*, 17.8

> Pasemos, pues, este corto instante de la vida conforme a nuestra naturaleza; sometámonos voluntariamente a nuestra destrucción como la aceituna madura que, al caer, parece que bendice la tierra que la ha producido y da gracias al árbol que la ha llevado.
>
> MARCO AURELIO, *MEDITACIONES*, 4.48

> Hay que dar un desahogo a los espíritus: tras descansar se levantan más dispuestos y más vivaces. Igual que no hay que exigir demasiado a los campos fértiles (pues pronto los agotará su fecundidad nunca interrumpida), así el continuo esfuerzo quebrantará el ímpetu de los espíritus, recuperarán sus energías relajándose y reposando un poco; de la asiduidad de los esfuerzos nace una especie de embotamiento y lasitud de los espíritus.
>
> SÉNECA, *SOBRE LA TRANQUILIDAD DEL ESPÍRITU*, 17.5

18 de junio ¿Estoy listo y soy capaz?

REFLEXIÓN MATUTINA

REFLEXIÓN NOCTURNA

19 de junio ¿Cómo puedo centrarme mejor en el momento presente?

REFLEXIÓN MATUTINA

REFLEXIÓN NOCTURNA

20 de junio ¿Soy la persona tranquila de la sala o la que necesita que la calmen?

REFLEXIÓN MATUTINA

REFLEXIÓN NOCTURNA

21 de junio ¿Cómo puedo refrescar mi mente hoy?

REFLEXIÓN MATUTINA

REFLEXIÓN NOCTURNA

22 de junio ¿Estoy realmente aprendiendo de mis errores?

REFLEXIÓN MATUTINA

REFLEXIÓN NOCTURNA

23 de junio ¿Dónde me interpongo en mi propio camino?

REFLEXIÓN MATUTINA

REFLEXIÓN NOCTURNA

24 de junio ¿De verdad necesito discutir y pelear tanto?

REFLEXIÓN MATUTINA

REFLEXIÓN NOCTURNA

SEMANA XXVI

LO QUE SE CRUZA EN TU CAMINO ES EL CAMINO

Los obstáculos son parte de la vida. Ni siquiera los más poderosos y afortunados pueden escapar de esta realidad. No obstante, con la filosofía estoica todos tenemos un superpoder al que podemos recurrir para que nuestros propósitos, intenciones y actitudes puedan salir adelante en cualquier circunstancia. Los estoicos tenían una palabra para esto, *hupexhairesis,* que significaba actuar con una especie de «cláusula de reserva» o «cláusula inversa» que nos permita reconsiderar cualquier situación y establecer un nuevo curso de acción según sea necesario. Marco Aurelio nos dice que cualquier obstáculo puede convertirse en la materia prima de un nuevo propósito. ¿Cómo podrían los obstáculos a los que te enfrentas revelar un nuevo camino?

> En cuanto algunos hombres [...] pueden obstaculizar alguna de mis actividades, pero gracias a mi instinto y a mi disposición no son obstáculos, debido a mi capacidad de selección y de adaptación a las circunstancias. Porque la inteligencia derriba y desplaza todo lo que obstaculiza su actividad encaminada al objetivo propuesto, y se convierte en acción lo que retenía esta acción, y en camino lo que obstaculizaba este camino.
>
> Marco Aurelio, *Meditaciones*, 5.20

> ". . . Así como la Naturaleza aparta y dispone todo aquello que parece ser un obstáculo para el cumplimiento de sus designios, de igual modo el ser racional tiene la facultad de aprovechar el obstáculo para el bien y hacer uso de él para su conducta.
>
> Marco Aurelio, *Meditaciones*, 8.35

> Es preciso que ordenes tu vida acto por acto; y si cada uno de ellos lo haces como debe hacerse, puedes estar satisfecho. Luego nadie puede impedirte que obres como debes. «¿Y si sobreviene algún obstáculo extraño?», preguntarás. No; nada puede impedirte que seas, por lo menos, justo, moderado y razonable. «¿No habrá, quizá, otra circunstancia que me arrebate cualquier medio de obrar?», dirás todavía. En este caso, resígnate ante el obstáculo mismo; obra como te esté permitido, sin protestar, y de ello provendrá luego otra acción, que entrará, igualmente, en el plan de vida que debes seguir.
>
> Marco Aurelio, *Meditaciones*, 8.32

25 de junio ¿Estoy abierto a cualquier posibilidad o solo a aquello que *quiero*?

REFLEXIÓN MATUTINA

REFLEXIÓN NOCTURNA

26 de junio ¿Qué es lo que siempre intento y sale mal? ¿Qué pasaría si intentara lo contrario?

REFLEXIÓN MATUTINA

REFLEXIÓN NOCTURNA

27 de junio ¿Qué me puede enseñar esta adversidad?

REFLEXIÓN MATUTINA

REFLEXIÓN NOCTURNA

28 de junio ¿Por qué errores puedo dejar de castigarme?

REFLEXIÓN MATUTINA

REFLEXIÓN NOCTURNA

29 de junio ¿Sobre qué puedo dejar de poner excusas?

REFLEXIÓN MATUTINA

REFLEXIÓN NOCTURNA

30 de junio ¿Cómo puedo utilizar este obstáculo como una oportunidad?

REFLEXIÓN MATUTINA

REFLEXIÓN NOCTURNA

1 de julio ¿Cuál es mi trabajo como estoico?

REFLEXIÓN MATUTINA

REFLEXIÓN NOCTURNA

SEMANA XXVII

PROTEGE TU PROPIA BONDAD

Musonio Rufo, uno de los maestros de Epicteto, consideraba que todos los seres humanos son bondadosos por naturaleza o, como él decía, se inclinan hacia la virtud. Son nuestras elecciones las que deciden si esa bondad se muestra o no. En esencia, no somos malas personas, aunque a veces actuemos mal. Por eso, el propósito del estoicismo es recordarnos esa bondad y ayudarnos a trabajar duro para protegerla. Pasa algún tiempo escribiendo acerca de las elecciones que puedes hacer esta semana y las acciones que puedes llevar a cabo para hacer justamente eso.

> Guarda tu propio bien en todo; el de los demás, según te fue dado mientras puedas usar la razón en ello, conformándote solo con eso. Si no, serás desventurado, serás desdichado, sufrirás impedimentos, sufrirás trabas.
>
> Epicteto, *Disertaciones por Arriano*, 4.3.11

> Penetra tu interior. Dentro de ti está la fuente del bien, que puede manar sin cesar, si ahondas siempre.
>
> Marco Aurelio, *Meditaciones*, 7.59

2 de julio ¿Cuál es la elección más difícil que estoy evitando tomar?

REFLEXIÓN MATUTINA

REFLEXIÓN NOCTURNA

3 de julio ¿Y si viera oportunidades en vez de obligaciones?

REFLEXIÓN MATUTINA

REFLEXIÓN NOCTURNA

4 de julio ¿Estoy manteniendo la llama de la virtud encendida?

REFLEXIÓN MATUTINA

REFLEXIÓN NOCTURNA

5 de julio ¿Estoy haciendo lo correcto?

REFLEXIÓN MATUTINA

REFLEXIÓN NOCTURNA

6 de julio ¿Estoy haciendo mi trabajo como ser humano o estoy poniendo excusas?

REFLEXIÓN MATUTINA

REFLEXIÓN NOCTURNA

7 de julio ¿Puedo mostrar la misma determinación y perseverancia que Ulises?

REFLEXIÓN MATUTINA

REFLEXIÓN NOCTURNA

8 de julio ¿De qué acciones dolorosas puedo responsabilizarme?

REFLEXIÓN MATUTINA

REFLEXIÓN NOCTURNA

SEMANA XXVIII

NO BUSQUES LA TERCERA COSA

Los estoicos nos enseñan que el hecho de obrar bien ya es, en sí mismo, la recompensa. Hacer lo correcto y saber que hemos ayudado a alguien es suficiente. Esperar el agradecimiento por encima de todo, lo que Marco Aurelio describe como «la tercera cosa», es ser codicioso. Llevar un registro de los favores que hacemos no solo contradice el propósito de hacer el bien, sino que es una tontería. Te predispone a la decepción. Si vas a llevar un registro, que sea en la otra dirección. ¿Cuánta gente nos ha ayudado a nosotros? ¿Qué les debemos a cambio? Piensa en saldar tus deudas esta semana y considera dejar de pensar que otros te deben algo.

> Hay individuos que cuando hacen un favor a su prójimo se apresuran a echárselo en cara. Algunos no llegan a este extremo; pero en su fuero interno consideran a su favorecido como un deudor, y siempre tienen presente el servicio que le han hecho. Otros, en fin, ignoran al parecer hasta el favor que han podido prestar, del mismo modo que la viña no exige nada por haber creado la uva y se halla, por el contrario, muy satisfecha de haber producido el fruto que le correspondía; como el caballo que ha dado una carrera, como el perro que ha levantado la caza, como las abejas que han elaborado la miel. El verdadero bienhechor no reclama nada, sino que se prepara para otra buena acción; como la viña, que al llegar la estación da otra vez fruto.
>
> MARCO AURELIO, *MEDITACIONES*, 5.6

> Cuando practicas el bien y alguien ha aprovechado tu buena obra, ¿quieres más? ¿Quizás esperas otra cosa, como los insensatos: la reputación de hombre bienhechor o un testimonio de reconocimiento?
>
> MARCO AURELIO, *MEDITACIONES*, 7.73

9 de julio ¿Estoy siguiendo el camino del filósofo o estoy improvisando?

REFLEXIÓN MATUTINA

REFLEXIÓN NOCTURNA

10 de julio ¿Estoy comprometido con mi trabajo?

REFLEXIÓN MATUTINA

REFLEXIÓN NOCTURNA

11 de julio ¿Cómo puedo mejorar hoy?

REFLEXIÓN MATUTINA

REFLEXIÓN NOCTURNA

12 de julio ¿Qué principios gobiernan mi comportamiento?

REFLEXIÓN MATUTINA

REFLEXIÓN NOCTURNA

13 de julio ¿Estoy preparado para ser un líder? ¿Para hacer bien mi trabajo?

REFLEXIÓN MATUTINA

REFLEXIÓN NOCTURNA

14 de julio ¿Me estoy volviendo más o menos humilde?

REFLEXIÓN MATUTINA

REFLEXIÓN NOCTURNA

15 de julio ¿Soy capaz de hacer lo correcto incluso sin la promesa de una recompensa?

REFLEXIÓN MATUTINA

REFLEXIÓN NOCTURNA

SEMANA XXIX

PRACTICA LA AMABILIDAD EN VEZ DE LA IRA

Resulta fácil imaginar a Marco Aurelio perdiendo los estribos. Sus responsabilidades eran enormes y su trabajo requería que lidiara con muchas personas frustrantes y difíciles. Por eso, era consciente del problema que representaba la ira, sabía lo contraproducente que podía ser y lo desgraciados que podía hacer a quienes la sentían. A menudo repetía un ejercicio sencillo diseñado para preservar la buena voluntad hacia los demás que consistía simplemente en reemplazar la ira por amabilidad. No podemos permitirnos abandonar nuestra buena voluntad y debemos recordarnos que nadie comete errores a propósito. Cada vez que sientas ira esta semana, acuérdate de Marco Aurelio y piensa cómo puedes reemplazarla por amabilidad, y escribe los ejemplos.

> Aquellos que te ponen obstáculos en el camino de la razón no podrán desviarte de una buena acción; así pues, que no te aparten de tu corazón los sentimientos de afecto hacia ellos; pero guárdate bien de uno y otro lado: no solamente demuestres tu firmeza en la manera de pensar y hacer, sino, además, una dulzura inalterable hacia los que intenten ponerte obstáculos o que te sean causa de otra cosa desagradable. Por consiguiente, no existirá menos debilidad al desearles el mal que al abstenerte de tu buena acción y dejarte intimidar.
>
> Marco Aurelio, *Meditaciones*, 11.9

> Toda alma —se afirma— está privada, a pesar suyo, de la verdad. Lo mismo le sucederá respecto de la justicia, la templanza, la benevolencia y de toda otra virtud semejante. Es absolutamente indispensable que a menudo te acuerdes de esto, pues así serás más indulgente con los demás.
>
> Marco Aurelio, *Meditaciones*, 7.63

> Recuerda en los momentos de cólera que no es viril irritarse, y que la paciencia y la dulzura son las cualidades al mismo tiempo más humanas y fuertes; ellas indican vigor, coraje y energía. Porque cuanto más familiarizado estés con la impasibilidad, tanto mayor será tu fuerza.
>
> Marco Aurelio, *Meditaciones*, 11.18

16 de julio ¿A qué propósito estoy comprometido?

REFLEXIÓN MATUTINA

REFLEXIÓN NOCTURNA

17 de julio ¿En qué situación no he sido amable con los demás?

REFLEXIÓN MATUTINA

REFLEXIÓN NOCTURNA

18 de julio ¿Puedo ocuparme de mis asuntos sin que los demás me distraigan?

REFLEXIÓN MATUTINA

REFLEXIÓN NOCTURNA

19 de julio ¿Qué siento al perdonar?

REFLEXIÓN MATUTINA

REFLEXIÓN NOCTURNA

20 de julio ¿Estoy teniendo una vida justa?

REFLEXIÓN MATUTINA

REFLEXIÓN NOCTURNA

21 de julio ¿Cómo puedo mejorar mi relación con los demás?

REFLEXIÓN MATUTINA

REFLEXIÓN NOCTURNA

22 de julio ¿Estoy actuando generosamente o a regañadientes?

REFLEXIÓN MATUTINA

REFLEXIÓN NOCTURNA

SEMANA XXX

MANTENIENDO «LAS NOTICIAS» BAJO CONTROL

Incluso nuestros antepasados se sentían abrumados por los chismes y las noticias. Pero esta semana tú te enfrentarás a un aluvión que ellos nunca podrían haber imaginado: desde mensajes de texto, llamadas y correos electrónicos hasta el flujo incesante de las noticias 24 horas al día. En lugar de responder inmediatamente a cada actualización de estado, llamada urgente o a la última noticia incendiaria, detente un instante para recordar tres prácticas que los estoicos utilizaban para mantener su enfoque en su propósito y trabajo en el momento presente: (1) Aléjate del ruido. (2) Recuerda que ninguna noticia puede desviarte del propósito de tus elecciones actuales. (3) No añadas nada negativo (o positivo) a la información que recibas.

> «Que no te distraigan las noticas exteriores; tómate un tiempo para aprender algo bueno y deja de dar vueltas. Pero no olvides defenderte de otra desviación. Porque estar muy distraído por conseguir el control puede distraerte de un propósito que te permita dirigir tus impulsos y pensamientos».
>
> MARCO AURELIO, *MEDITACIONES*, 2.7

> Cuando te den una noticia inquietante ten a mano aquello de que no cabe noticia sobre nada del albedrío. ¿Acaso puede alguien darte la noticia de que hiciste mal una suposición o deseaste torpemente? De ningún modo. Sino que «alguien murió». ¿Qué tiene que ver contigo?
>
> EPICTETO, *DISERTACIONES POR ARRIANO*, 3.18.1-2

> *No agregues nada a la primera impresión de tus sentidos.* Que te anuncian que tal o cual habla mal de ti: te anuncian esto, pero no te dicen que te han herido. Veo que mi hijo está enfermo: en efecto, pero no veo que el peligro sea inminente. Atente siempre a la primera impresión que ofrecen los objetos sensibles; no agregues nada interiormente y no habrá lugar a emocionarte. Figúrate, más bien, lo que debe pensar de estos objetos un hombre instruido y al corriente de todo lo que suele suceder en el mundo.
>
> MARCO AURELIO, *MEDITACIONES*, 8.49

23 de julio ¿Cómo puedo asegurarme de que nada de eso —sea bueno o malo— me altere?

REFLEXIÓN MATUTINA

REFLEXIÓN NOCTURNA

24 de julio ¿Soy capaz de mantener la calma cuando recibo noticias alarmantes?

REFLEXIÓN MATUTINA

REFLEXIÓN NOCTURNA

25 de julio ¿De qué manera permito que el trabajo disminuya mi calidad de vida?

REFLEXIÓN MATUTINA

REFLEXIÓN NOCTURNA

26 de julio ¿Dónde puedo colaborar? ¿Cómo puedo ayudar?

REFLEXIÓN MATUTINA

REFLEXIÓN NOCTURNA

27 de julio ¿Hay algo mejor que la virtud?

REFLEXIÓN MATUTINA

REFLEXIÓN NOCTURNA

28 de julio ¿En qué aspecto soy un privilegiado y qué uso le estoy dando?

REFLEXIÓN MATUTINA

REFLEXIÓN NOCTURNA

29 de julio ¿Dónde puedo encontrar confianza?

REFLEXIÓN MATUTINA

REFLEXIÓN NOCTURNA

SEMANA XXXI

UNA SEMANA SIN QUEJARTE

Epicteto hablaba con frecuencia a sus alumnos acerca de la necesidad de dejar de quejarse y culpar a los demás. De hecho, lo veía como uno de los principales indicadores de progreso en el arte de vivir. ¿Cuánta vida se malgasta culpando a los demás? ¿Alguna vez quejarse ha resuelto un solo problema? Marco Aurelio dijo: «Cúlpate a ti mismo o a nadie más». Esta semana, intenta darte *feedback* constructivo sobre las quejas y hacerte responsable de las culpas. Y si algo sale mal, pasa más tiempo reflexionando sobre cuáles fueron las verdaderas causas. No gastes ni un minuto en quejas, ni en esta agenda ni en voz alta.

> Ya no has de seguir mostrándote igual en nada de lo que haces ahora, ni recriminando a la divinidad ni al hombre. Has de apartar de ti por completo el deseo, llevar el rechazo solo a lo que depende del albedrío; que no haya en ti cólera ni resentimiento ni envidia ni compasión.
>
> EPICTETO, *DISERTACIONES POR ARRIANO*, 3.22.13

> Nada ajeno al albedrío puede poner impedimentos o perjudicar al albedrío, si no es él a sí mismo. Por tanto, si también nosotros nos inclináramos a esto, de modo que, cuando andamos por malos caminos, nos culpáramos a nosotros mismos y recordáramos que nada es responsable de la alteración y de la agitación, sino la opinión, os juro por todos los dioses que progresaríamos.
>
> EPICTETO, *DISERTACIONES POR ARRIANO*, 3.19.2-3

> Recuerda, pues, que si crees libres las cosas que por naturaleza son serviles, y que es tuyo lo que depende de otros, encontrarás impedimentos, te lamentarás, te sentirás turbado, censurarás tanto a los dioses como a los hombres; pero si solo consideras tuyo lo que es tuyo, y de los otros lo que es de los otros, tal como realmente es, nadie te exigirá nada ni te pondrá obstáculos; y tú nunca censurarás a nadie, ni acusarás a nadie, ni harás nada contra tu voluntad; nadie te perjudicará, no tendrás enemigos, no sufrirás ningún daño.
>
> EPICTETO, *ENQUIRIDIÓN*, 1.3

30 de julio ¿Puedo buscar hoy el gozo en el propósito, la excelencia y el deber?

REFLEXIÓN MATUTINA

REFLEXIÓN NOCTURNA

31 de julio ¿Estoy descuidando lo personal por lo profesional?

REFLEXIÓN MATUTINA

REFLEXIÓN NOCTURNA

1 de agosto ¿En qué me perjudica mi idealismo?

REFLEXIÓN MATUTINA

REFLEXIÓN NOCTURNA

2 de agosto ¿Cómo puedo afrontar las situaciones difíciles que se me presentan?

REFLEXIÓN MATUTINA

REFLEXIÓN NOCTURNA

3 de agosto ¿Puedo sacar el máximo provecho aquí y ahora?

REFLEXIÓN MATUTINA

REFLEXIÓN NOCTURNA

4 de agosto ¿Cómo puedo evitar hoy las emociones inútiles?

REFLEXIÓN MATUTINA

REFLEXIÓN NOCTURNA

5 de agosto ¿Seré capaz hoy de morderme la lengua?

REFLEXIÓN MATUTINA

REFLEXIÓN NOCTURNA

SEMANA XXXII

¿QUÉ PEQUEÑAS VICTORIAS PUEDES CONSEGUIR?

Zenón de Citio, el comerciante fenicio que tras un naufragio fundó la escuela estoica en el pórtico pintado del Ágora de Atenas —la *stoa poikilé*— de donde tomó el nombre (la traducción de «pórtico» en griego es στοά, stoá), dijo que la felicidad era cuestión de pequeños pasos. Si bien los estoicos creían en la perfección de los seres humanos, sabían que muchas cosas se interponían en el camino de la realización de ese potencial. Por tanto, se mostrarían escépticos ante las supuestas victorias épicas y los grandes avances con los que nuestra cultura está obsesionada. En cambio, te instarían a concentrarte en tus deberes diarios y en lograr un progreso gradual. Dedica tu escritura esta semana a pensar en las pequeñas victorias que puedes acumular, qué pequeñas mejoras puedes obtener de esto o de aquello, de una decisión u otra. Siéntete satisfecho de cada pequeño paso. Sigue avanzando y no te rindas.

> Haz lo que exige de ti la naturaleza. Manos a la obra, mientras haya lugar, y no te preocupes por si te imitan. No sueñes en ver establecida la *república* de Platón, antes bien, conténtate con tal que progreses un poco, considerando que no es poco fruto este pequeño resultado.
>
> Marco Aurelio, *Meditaciones*, 9.29

> [No] nos despreocupamos del cuidado de ninguna otra cosa por renunciar a lo más alto.
>
> Epicteto, *Disertaciones por Arriano*, 1.2.37

> Que una cosa bien hecha, aunque sea poco a poco, no es poca cosa.
>
> Zenón citado en Diógenes Laercio,
> *Vidas y opiniones de los filósofos*, 7.1.21

6 de agosto ¿Qué pequeño progreso puedo hacer hoy?

REFLEXIÓN MATUTINA

REFLEXIÓN NOCTURNA

7 de agosto ¿Puedo vivir bien sin importar lo difícil que me lo ponga mi entorno?

REFLEXIÓN MATUTINA

REFLEXIÓN NOCTURNA

8 de agosto ¿Cuál es el paso más pequeño que puedo dar hoy para lograr algo importante?

REFLEXIÓN MATUTINA

REFLEXIÓN NOCTURNA

9 de agosto ¿Cómo podría simplificar hoy las cosas? ¿Estoy preparado?

REFLEXIÓN MATUTINA

REFLEXIÓN NOCTURNA

10 de agosto ¿Cómo me limita el perfeccionismo?

REFLEXIÓN MATUTINA

REFLEXIÓN NOCTURNA

11 de agosto ¿Estoy mejorando mis hábitos?

REFLEXIÓN MATUTINA

REFLEXIÓN NOCTURNA

12 de agosto ¿Hago mía esta filosofía poniéndola en práctica?

REFLEXIÓN MATUTINA

REFLEXIÓN NOCTURNA

SEMANA XXXIII

HAZTE SIEMPRE ESTA PREGUNTA

Mucho de lo que hacemos y decimos durante la semana es completamente innecesario. Reuniones, bienes materiales, confrontaciones, búsquedas: son distracciones y problemas inútiles. Nos alejan de la tranquilidad y de nuestro propósito. Un estoico se mantiene al margen de estas tentaciones y obligaciones haciéndose una pregunta, la pregunta que debe dirigir tu escritura esta semana. Pruébala. Antes de hablar, actuar o comprar algo, pregúntate: «¿Es esta una de las cosas necesarias?».

> No hagas muchas cosas —dicen— si quieres vivir tranquilo. ¿No sería mejor decir: haz lo que es necesario, lo que la razón por naturaleza exige y como exige que sea hecho? Este es el medio más seguro que podemos emplear para gozar de la tranquilidad, y no solamente de la que nos pueda procurar el cumplimiento de nuestros deberes, sino también de la que se disfruta haciendo pocas cosas a la vez. En efecto; la mayor parte de nuestras palabras y de nuestras acciones son inútiles; luego suprimiéndolas tendremos más tiempo libre y menos preocupaciones. Es necesario, pues, repetirse a cada instante: «Esto, ¿puede serme acaso de alguna utilidad?». Y no solo debemos evitarnos las acciones, sino también los pensamientos que no son necesarios. De esta manera, las acciones que ellos arrastran no llegarían a tener realidad.
>
> Marco Aurelio, Meditaciones, 4.24

> He naufragado antes de subir a la nave: cómo ha sucedido no te lo cuento, para que no pienses que haya que incluir esta frase entre las paradojas de los estoicos, de las que ninguna es falsa, ni tan sorprendente como a primera vista parece; te lo demostraré cuando quieras, es más, aunque no lo quieras.
>
> Séneca, *Epístolas morales a Lucilio*, 87.1

13 de agosto ¿Qué problemas puedo resolver de antemano?

REFLEXIÓN MATUTINA

REFLEXIÓN NOCTURNA

14 de agosto ¿Cómo ayudará la filosofía a dirigir mi rumbo hoy?

REFLEXIÓN MATUTINA

REFLEXIÓN NOCTURNA

15 de agosto ¿Las decisiones que tome hoy se basarán en juicios verdaderos?

REFLEXIÓN MATUTINA

REFLEXIÓN NOCTURNA

16 de agosto ¿Cómo convertiré hoy las dificultades en ventajas?

REFLEXIÓN MATUTINA

REFLEXIÓN NOCTURNA

17 de agosto ¿Puedo pasar un día entero sin culpar a los demás?

REFLEXIÓN MATUTINA

REFLEXIÓN NOCTURNA

18 de agosto ¿Cómo puedo aprovechar mejor mis fortalezas?

REFLEXIÓN MATUTINA

REFLEXIÓN NOCTURNA

19 de agosto ¿Qué cosas no esenciales puedo eliminar de mi vida?

REFLEXIÓN MATUTINA

REFLEXIÓN NOCTURNA

SEMANA XXXIV

SIMPLEMENTE DI NO A LAS DESGRACIAS FUTURAS

¿Con qué frecuencia sufrimos por cosas que todavía no han ocurrido? Ya sea por temer algo, por esperarlo desesperadamente... Cuando nos enfocamos en lamentarnos o en evitar un posible futuro, nos volvemos desgraciados en el presente. Hécato de Rodas, el gran alumno del importante erudito estoico Panecio, enseñaba que la miseria está siempre ligada a las esperanzas y los miedos que proyectamos en el futuro. A este respecto, Séneca nos recuerda esta semana que digamos no a ambos, porque si cedemos ante ellos nos roban la capacidad de disfrutar del presente. Mientras escribes, no pienses en el futuro —qué esperas que ocurra, qué temes— y céntrate en el aquí y ahora. En lo que estás haciendo y pensando ahora mismo.

> Desventurado es el espíritu angustiado por el futuro e infeliz antes de la infelicidad, que está solícito de que le duren hasta el fin de la vida las cosas que lo deleitan. En ningún momento estará tranquilo y, por el ansia del futuro, perderá los bienes presentes de que podría disfrutar.
>
> SÉNECA, *EPÍSTOLAS MORALES A LUCILIO*, 98.5-6

> Mas no existe razón alguna para vivir ni límite posible en las desgracias, si uno teme cuanto es susceptible de temor.
>
> SÉNECA, *EPÍSTOLAS MORALES A LUCILIO*, 13.12

> [Hecatón]... afirma: «Si dejas de esperar, dejarás de temer»... La causa más profunda de lo uno y de lo otro es que en lugar de acomodarnos a la situación presente proyectamos nuestros pensamientos en la lejanía.
>
> SÉNECA, *EPÍSTOLAS MORALES A LUCILIO*, 5.7-8

20 de agosto ¿Está mi espíritu bien preparado?

REFLEXIÓN MATUTINA

REFLEXIÓN NOCTURNA

21 de agosto ¿Y si dejara de preocuparme por el futuro y disfrutara del presente?

REFLEXIÓN MATUTINA

REFLEXIÓN NOCTURNA

22 de agosto ¿Qué pequeñeces puedo pasar por alto?

REFLEXIÓN MATUTINA

REFLEXIÓN NOCTURNA

23 de agosto ¿Estoy abusando de las cosas buenas?

REFLEXIÓN MATUTINA

REFLEXIÓN NOCTURNA

24 de agosto ¿Qué puedo aprender de los demás, incluso de las personas que no me gustan?

REFLEXIÓN MATUTINA

REFLEXIÓN NOCTURNA

25 de agosto ¿Qué nuevo rumbo puedo emprender hoy?

REFLEXIÓN MATUTINA

REFLEXIÓN NOCTURNA

26 de agosto ¿Qué pérdidas potenciales puedo anticipar?

REFLEXIÓN MATUTINA

REFLEXIÓN NOCTURNA

SEMANA XXXV

UN REMEDIO PARA LA PROCRASTINACIÓN

Para el estoico, la procrastinación casi parece una forma de autoengaño e indulgencia. ¿Quién puede saber si estarás aquí el próximo mes o la semana que viene para lidiar con eso? Si es importante, dirían, no esperes. Hazlo ahora. Como dice Marco Aurelio, si es necesario hacerlo, hazlo con «coraje y rapidez». Parece que la procrastinación facilitará las cosas, pero nos condena a un estado de ansiedad leve pero constante. ¿Es así como quieres pasar esta semana? ¿Cualquier semana? ¿Tu última semana? Pregúntate: ¿Qué quiero evitar? ¿Qué puedo hacer hoy en vez de mañana? ¿Qué puedo hacer con coraje y rapidez, ahora mismo?

> En efecto, cualquiera señalaría como rasgo característico de la necedad el realizar sus obras con indolencia a la par que rebeldía, y empujar el cuerpo en un sentido y el alma en otro distinto, viéndose solicitada por estímulos muy opuestos.
>
> SÉNECA, *EPÍSTOLAS MORALES A LUCILIO*, 74.32

> La perfección moral lleva consigo que se viva cada día como si fuere el último, sin apresurarse ni amilanarse ni obrar con ficción.
>
> MARCO AURELIO, *MEDITACIONES*, 7.69

> Con razón llevas tu merecido. Pues esperas aplazar hasta mañana el ser bueno, antes que serlo desde hoy mismo.
>
> MARCO AURELIO, *MEDITACIONES*, 8.22

27 de agosto ¿Cuándo puedo aprender a reír en vez de llorar?

REFLEXIÓN MATUTINA

REFLEXIÓN NOCTURNA

28 de agosto ¿Qué lujos puedo aprender a pasar por alto?

REFLEXIÓN MATUTINA

REFLEXIÓN NOCTURNA

29 de agosto ¿Qué deseos puedo eliminar hoy?

REFLEXIÓN MATUTINA

REFLEXIÓN NOCTURNA

30 de agosto ¿Puedo hacer hoy mis tareas con coraje y confianza?

REFLEXIÓN MATUTINA

REFLEXIÓN NOCTURNA

31 de agosto ¿De qué modo he hecho daño a los demás?

REFLEXIÓN MATUTINA

REFLEXIÓN NOCTURNA

1 de septiembre ¿Estoy trabajando para hacer que mi alma soporte cualquier giro del destino?

REFLEXIÓN MATUTINA

REFLEXIÓN NOCTURNA

2 de septiembre ¿Qué es lo que me resulta más difícil de la práctica estoica?

REFLEXIÓN MATUTINA

REFLEXIÓN NOCTURNA

SEMANA XXXVI

UN DURO ENTRENAMIENTO INVERNAL

El arte de vivir tiene tres niveles de disciplina: estudio, práctica y duro entrenamiento. Leer a los estoicos es el estudio. Ejercitar las lecciones y reflexionar sobre ellas en tu agenda es la práctica. Lo que queda es el duro entrenamiento. Epicteto hace una analogía con el ejército romano, que entrenaba duro en los meses de invierno con el fin de estar preparado para enfrentar cualquier desafío cuando volvieran a la batalla en primavera. Séneca pasaba mucho tiempo exponiéndose a condiciones más duras de lo habitual. También él utilizó una analogía militar, señalando la forma en que a los soldados se les encargan duras tareas para que sean fuertes cuando finalmente llegue el enemigo. ¿Qué estás haciendo esta semana para esforzarte más allá del estudio y la práctica?

> Ni el toro ni el hombre de nobleza se hacen de repente, sino que han de mantenerse en forma durante el invierno, han de prepararse y no precipitarse a la buena de Dios hacia lo que no conviene en absoluto.
>
> EPICTETO, *DISERTACIONES POR ARRIANO*, 1.2.32

> Te prescribiré que tomes de vez en cuando algunos días en los que, contentándote con muy escasa y vulgar alimentación, con un vestido áspero y rugoso, digas para tus adentros: «¿Es esto lo que temíamos?». En medio de la seguridad apréstese el alma para las dificultades, afiáncese contra los reveses de la fortuna en medio de sus favores. El soldado en plena paz se ejercita, sin enemigo enfrente levanta la empalizada y se fatiga en trabajos superfluos para poder bastarse en los necesarios.
>
> SÉNECA, *EPÍSTOLAS MORALES A LUCILIO*, 18.5-6

> Las circunstancias difíciles son las que muestran a los hombres. Por tanto, cuando des con una dificultad, recuerda que la divinidad, como un maestro de gimnasia, te ha enfrentado a un duro contrincante. —¿Para qué? —pregunta. —Para que llegues a ser un vencedor olímpico. Pero no se llega a ello sin sudores. Y a mí me parece que nadie se ha visto en una dificultad mayor que en la que te ves tú si quieres servirte del contrincante como lo haría un atleta.
>
> EPICTETO, *DISERTACIONES POR ARRIANO*, 1.24.1-2

3 de septiembre ¿Cómo me estoy preparando para lo que está por venir?

REFLEXIÓN MATUTINA

REFLEXIÓN NOCTURNA

4 de septiembre ¿Cómo puedo ver las dificultades que se me presentan como una lección y una prueba?

REFLEXIÓN MATUTINA

REFLEXIÓN NOCTURNA

5 de septiembre ¿Qué me pertenece de verdad?

REFLEXIÓN MATUTINA

REFLEXIÓN NOCTURNA

6 de septiembre Si perdiera mi libertad, ¿me destrozaría?

REFLEXIÓN MATUTINA

REFLEXIÓN NOCTURNA

7 de septiembre ¿Cómo utilizaré hoy el poder de elegir?

REFLEXIÓN MATUTINA

REFLEXIÓN NOCTURNA

8 de septiembre ¿Estoy preparado para salir de mi burbuja?

REFLEXIÓN MATUTINA

REFLEXIÓN NOCTURNA

9 de septiembre ¿Gobierno mis miedos o ellos me gobiernan a mí?

REFLEXIÓN MATUTINA

REFLEXIÓN NOCTURNA

SEMANA XXXVII

UNA NUEVA MANERA DE REZAR

A menudo rezamos por aquello que deseamos, y en el proceso, nos excluimos a nosotros de la ecuación. Esperamos que los cielos por arte de magia, nos regalen lo que queremos, ya sea un ascenso o la pronta recuperación de un ser querido. Los estoicos te recomendarían que dejases de hacerlo. Marco Aurelio se recordaba a sí mismo que no debía presentar a los dioses una lista de demandas de placeres y comodidades, sino que debía pedir su ayuda precisamente para no necesitar esas cosas. En cierto sentido, estaba pidiendo fuerza interior. Se la pedía a sí mismo. Esta semana reflexiona sobre las cosas que quieres —las que deseas o por las que rezas para que se hagan realidad— e intenta darles la vuelta de esta manera. Mira qué ocurre en ese caso.

> Empieza, pues, por implorar su socorro especialmente con este objeto y ya verás. He aquí a un hombre que ruega diciendo: «Que yo pueda conseguir que esta mujer sea mi amante». Otro dice: «Que yo no tenga necesidad de librarme». Otro: «Que yo no pierda a mi querido hijo». Tú: «Que yo pueda no temer su pérdida». En una palabra, dirige tus súplicas en ese sentido y verás el resultado.
>
> Marco Aurelio, *Meditaciones*, 9.40

> Y entonces decimos: «¡Ay, Dios y Señor! ¿Cómo no me voy a angustiar?». Insensato, ¿no tienes manos? ¿No te las hizo la divinidad? ¿Te vas a poner ahora a rezar para que no se te caigan los mocos? Mejor límpialos y no te quejes.
>
> Epicteto, *Disertaciones por Arriano*, 2.16.13

> Yo nunca hasta ahora sufrí impedimentos cuando quería algo ni me vi obligado cuando no quería. ¿Y cómo es eso posible? Subordiné mi impulso a la divinidad. Quiere ella que yo pase fiebre: también yo quiero. Quiere que me impulse hacia algo: también yo quiero. Quiere que desee: también yo quiero. Quiere que consiga algo: también yo quiero. No quiere: no quiero.
>
> Epicteto, *Disertaciones por Arriano*, 4.1.89

10 de septiembre ¿Cómo puedo prepararme para afrontar las pérdidas que más temo?

REFLEXIÓN MATUTINA

REFLEXIÓN NOCTURNA

11 de septiembre ¿Qué puedo hacer hoy con menos?

REFLEXIÓN MATUTINA

REFLEXIÓN NOCTURNA

12 de septiembre ¿Cuándo me doy aires de grandeza?

REFLEXIÓN MATUTINA

REFLEXIÓN NOCTURNA

13 de septiembre ¿Cómo de resistente es mi Fortaleza Interior?

REFLEXIÓN MATUTINA

REFLEXIÓN NOCTURNA

14 de septiembre ¿Estoy rogando o *exigiendo*?

REFLEXIÓN MATUTINA

REFLEXIÓN NOCTURNA

15 de septiembre ¿Hago honor a mi reputación?

REFLEXIÓN MATUTINA

REFLEXIÓN NOCTURNA

16 de septiembre ¿Superaré con éxito las catástrofes y situaciones de pánico que se produzcan a mi alrededor?

REFLEXIÓN MATUTINA

REFLEXIÓN NOCTURNA

SEMANA XXXVIII

SOBRE CÓMO TRATAR A LOS QUE ODIAN

Los estoicos enseñaban que la bondad triunfa sobre el odio. Creían que aquellos que se dejan llevar por el odio son cautivos de una pasión destructiva, una que hiere a quien la practica y no al objetivo de su odio. No hay razón para odiar quien odia; ya está sufriendo bastante. De hecho, al mirarlos de esta manera, se vuelve más fácil ser amable, bondadoso, genuino y útil. ¿Recuerdas la frase de la Biblia que dice que amar a tus enemigos es como echar brasas sobre ellos, por lo inesperado que les resulta? ¿A quién puedes sorprender así esta semana? ¿Qué enemistad puedes tratar con bondad y compasión? ¿Verdad que te sientes mejor después de hacerlo?

> ¿Alguien va a despreciarme? Esa es su ocupación; la mía es la de guardarme muy bien de que en mis acciones y palabras no se encuentre nada que justifique su desprecio. ¿Va a odiarme? Esa es su ocupación; la mía es la de ser indulgente y benévolo con todo el mundo y la de estar preparado para desengañarle, no con insolencia ni fingiendo moderación, sino con noble franqueza y con bondad.
>
> MARCO AURELIO, *MEDITACIONES*, 11.13

> La delicadeza es una fuerza invencible cuando es sincera, sin afectación y sin disfraz. ¿Qué te sucederá con el más insolente de los hombres si tú te propones tratarlo con dulzura? ¿Si cuando el caso lo requiere, tú estás satisfecho de poder dar dulcemente buenos consejos y una sabia lección en el mismo momento que él se esfuerza en ultrajarte?
>
> MARCO AURELIO, *MEDITACIONES*, 11.18

> No olvides que la ofensa no se encuentra, ni en el insulto, ni en los golpes que recibes, sino en tu opinión. Por ello, cuando un hombre exalta tu cólera, debes saber que es tu propia opinión la que te ha irritado. Esfuérzate en no dejarte llevar por las apariencias. Pues cuanto antes lo hagas, más fácilmente adquirirás control sobre ti mismo.
>
> EPICTETO, *ENQUIRIDIÓN*, 20

17 de septiembre ¿Puedo soportar aquellas personas que me odian? ¿Puedo evitar odiarlos?

REFLEXIÓN MATUTINA

REFLEXIÓN NOCTURNA

18 de septiembre ¿Puedo dejar pasar las penalidades de la vida sin magnificarlas?

REFLEXIÓN MATUTINA

REFLEXIÓN NOCTURNA

19 de septiembre ¿Soy lo suficientemente flexible como para cambiar de opinión y aceptar las críticas constructivas de los demás?

REFLEXIÓN MATUTINA

REFLEXIÓN NOCTURNA

20 de septiembre ¿Estoy preparado para ataques inesperados?

REFLEXIÓN MATUTINA

REFLEXIÓN NOCTURNA

21 de septiembre ¿Puedo mantener el ritmo de la vida, aunque haya interrupciones?

REFLEXIÓN MATUTINA

REFLEXIÓN NOCTURNA

22 de septiembre ¿Cómo se manifestará mi carácter ante las dificultades de hoy?

REFLEXIÓN MATUTINA

REFLEXIÓN NOCTURNA

23 de septiembre ¿Cómo va mi entrenamiento?

REFLEXIÓN MATUTINA

REFLEXIÓN NOCTURNA

SEMANA XXXIX

EL MIEDO ES UN DAÑO AUTOINFLINGIDO

Nombra una situación que el miedo pueda mejorar. Adelante, ¡escríbela si se te ocurre! Séneca reflexionaba a menudo sobre el problema del miedo, tanto en sus cartas como en sus ensayos. Hace que nos sintamos en peligro y limita nuestra capacidad de actuar con eficacia. Nos impide encontrar el éxito y ver las cosas de manera objetiva. Y peor aún: nos debilita con el tiempo porque realmente nunca nos enfrentamos al peligro que tanto nos preocupa. Medita sobre las cosas aterradoras que te pueden hacer entrar en pánico. Piensa en qué resulta tan abrumador sobre ellas. Intenta comprenderlas. Familiarízate con ellas.

> Hasta la paz te procurará motivos de temor; no habrá confianza ni siquiera en medio de la seguridad, una vez amedrentado el ánimo, el cual, tan pronto como ha contraído la costumbre del temor injustificado, es incapaz hasta de protegerse de su seguridad. En efecto, no toma precauciones, sino que huye; ahora bien, estamos más expuestos a los peligros, si les damos la espalda.
>
> Séneca, *Epístolas morales a Lucilio*, 104.10

> La felicidad va a parar a la plebe y a los de natural despreciable: por el contrario, subyugar desastres y terrores humanos es propio del gran hombre.
>
> Séneca, *Sobre la providencia*, 4.1

> «El que no se prepara se espanta, incluso, hasta de lo más insignificante».
>
> Séneca, *Epístolas morales a Lucilio*, 107.4

24 de septiembre ¿He pensado en todo lo que podría ocurrir?

REFLEXIÓN MATUTINA

REFLEXIÓN NOCTURNA

25 de septiembre ¿De qué soy esclavo?

REFLEXIÓN MATUTINA

REFLEXIÓN NOCTURNA

26 de septiembre ¿Qué actividades inútiles puedo reemplazar por otras más provechosas?

REFLEXIÓN MATUTINA

REFLEXIÓN NOCTURNA

27 de septiembre ¿Cómo me afectan el éxito y el fracaso?

REFLEXIÓN MATUTINA

REFLEXIÓN NOCTURNA

28 de septiembre ¿Cómo reaccionaré a lo que me pase hoy?

REFLEXIÓN MATUTINA

REFLEXIÓN NOCTURNA

29 de septiembre ¿En qué momento estoy comiendo más por los ojos que por la boca?

REFLEXIÓN MATUTINA

REFLEXIÓN NOCTURNA

30 de septiembre ¿Cómo puedo reforzar mi Fortaleza Interior?

REFLEXIÓN MATUTINA

REFLEXIÓN NOCTURNA

SEMANA XL

PRACTICA EL SILENCIO

Las redes sociales nos insisten en que debemos tener una opinión acerca de todas las cosas. Nos sentimos incómodos con el silencio. Vivimos en una cultura ruidosa, e intentamos seguirle el ritmo siendo aún más ruidosos. ¿Cuántos problemas nos causa esto? ¿Cuánto más podríamos aprender si pasáramos más tiempo escuchando a los demás en vez de intentar intercalar nuestras opiniones a la mínima oportunidad? ¿De cuánto de lo que hemos dicho nos hemos arrepentido después? Lo que hace ruido no es realmente importante. Escribe tus pensamientos en tu agenda durante esta semana, pero observa cuántos de ellos puedes guardar solo para ti. Sé valiente en tu silencio, a la hora de contener tus palabras durante estos próximos siete días.

> Es mejor tropezar con los pies y caer, que no con la boca.
>
> ZENÓN CITADO EN DIÓGENES LAERCIO, *VIDAS DE LOS FILÓSOFOS MÁS ILUSTRES*, 7.21

> A un joven que hablaba demasiado [Zenón] le dijo: Tenemos dos orejas y una boca para oír mucho y hablar poco.
>
> DIÓGENES LAERCIO, *VIDAS DE LOS FILÓSOFOS MÁS ILUSTRES*, 7.19

> [Catón] se ejercitaba también en la oratoria como instrumento para dirigirse a las masas, por considerar que era conveniente en una gran ciudad que la filosofía política tuviera también potencia de fuego. Sin embargo, no se ejercitaba con otros ni se le oyó nunca un discurso. Una vez, un compañero le dijo: «La gente critica tu silencio». A lo que replicó: «Al menos, que no critiquen mi vida. Empezaré a hablar cuando vaya a decir cosas que no deba callar».
>
> PLUTARCO, «CATÓN EL JOVEN», EN *VIDAS PARALELAS*, 4.3

> A callar se aprende con los muchos males de la vida.
>
> SÉNECA, *TIESTES*, 319

1 de octubre ¿Cómo voy a permitir que mis virtudes brillen hoy?

REFLEXIÓN MATUTINA

REFLEXIÓN NOCTURNA

2 de octubre Si la sabiduría es el bien más valioso, ¿cómo he invertido en ella?

REFLEXIÓN MATUTINA

REFLEXIÓN NOCTURNA

3 de octubre ¿Vivo como si todos fuéramos uno, como si fuéramos parte de un mismo todo?

REFLEXIÓN MATUTINA

REFLEXIÓN NOCTURNA

4 de octubre ¿Mis acciones de hoy benefician todos los que están involucrados en ellas?

REFLEXIÓN MATUTINA

REFLEXIÓN NOCTURNA

5 de octubre ¿Qué cosas digo que es mejor callar?

REFLEXIÓN MATUTINA

REFLEXIÓN NOCTURNA

6 de octubre ¿A quién puedo apoyar además de a mí mismo?

REFLEXIÓN MATUTINA

REFLEXIÓN NOCTURNA

7 de octubre ¿Por qué mi maldad me perjudica más que ninguna otra cosa?

REFLEXIÓN MATUTINA

REFLEXIÓN NOCTURNA

SEMANA XLI

PRACTICA EL AMOR

La noción estoica de *sympatheia*, es decir, que todos somos parte de un todo orgánico conectado por intereses mutuos y afinidades, es mejor que la Regla de Oro. No trates a los demás como te gustaría que te trataran a ti, trátales cómo te tratas a ti mismo, porque todos somos uno. Séneca decía que siempre que se encontraba con otro ser humano veía una oportunidad para ser amable. Había aprendido de Hécato que si quieres ser amado solo hay algo que debes hacer: amar a los demás. ¿A quién puedes dar amor esta semana? ¿Cómo puedes ser amable? ¿Cómo puedes mostrar tus sentimientos a extraños, amigos y familiares? ¿Cómo puedes mostrarles que realmente crees que somos parte de un mismo todo?

> Dice Hecatón: «Yo te descubriré un modo de provocar el amor sin filtro mágico, sin hierbas, sin ensalmos de hechicera alguna: si quieres ser amado, ama».
>
> SÉNECA, *EPÍSTOLAS MORALES A LUCILIO*, 9.6

> Que tu favor quede puesto del mismo modo que un tesoro profundamente enterrado, que no hay que desenterrar si no es preciso... La naturaleza me ordena ayudar a los hombres... Donde quiera que hay un hombre, hay lugar para el favor.
>
> SÉNECA, *SOBRE LA FELICIDAD* 24.2-3

> «La naturaleza nos ha constituido como una familia al engendramos de los mismos elementos y para un mismo fin. Ella nos infundió el amor mutuo y nos hizo sociables».
>
> SÉNECA, *EPÍSTOLAS MORALES A LUCILIO*, 95.52

8 de octubre ¿Qué hay más placentero que la sabiduría?

REFLEXIÓN MATUTINA

REFLEXIÓN NOCTURNA

9 de octubre ¿He establecido mis normas y las estoy siguiendo?

REFLEXIÓN MATUTINA

REFLEXIÓN NOCTURNA

10 de octubre ¿Qué me dicen mis principios sobre la perseverancia y la resistencia?

REFLEXIÓN MATUTINA

REFLEXIÓN NOCTURNA

11 de octubre ¿Es la honestidad el principio que rige mi vida?

REFLEXIÓN MATUTINA

REFLEXIÓN NOCTURNA

12 de octubre ¿Puedo dar amor antes de pedirlo?

REFLEXIÓN MATUTINA

REFLEXIÓN NOCTURNA

13 de octubre ¿Alguna vez la venganza ha mejorado las cosas?

REFLEXIÓN MATUTINA

REFLEXIÓN NOCTURNA

14 de octubre ¿Y si en vez de enfadarme me ofreciera a ayudar?

REFLEXIÓN MATUTINA

REFLEXIÓN NOCTURNA

SEMANA XLII

HAZ DE LA HONESTIDAD TU PRINCIPAL NORMA

Como emperador, Marco Aurelio no vio lo mejor de la humanidad. En la corte había murmuraciones, calumnias, personas que traicionaban a sus amigos cuando veían la oportunidad de ascender, avaricia y engaños. Pero a él le molestaba especialmente la falsa honestidad. Su argumento era: si tienes que decir «ahora voy a ser honesto contigo», en realidad estás diciendo que la honestidad es la excepción y no la norma. ¿Acaso no es triste eso? Es hora de pensar sobre lo que estas pequeñas afirmaciones dicen acerca de nosotros y de asegurarnos de que nuestra única forma de actuar sea la honestidad y la franqueza.

> ¡Cuán grosero y falso es el que dice: «He preferido comportarme honradamente contigo» ¿Qué haces, hombre? No debe decirse de antemano eso. Esto se verá por sí mismo. La palabra ha debido ser escrita primeramente sobre tu frente. Lo que quieres expresar debe brillar en tus ojos, como el pensamiento en la mirada de los amantes, donde nada pasa inadvertido para el ser amado. En una palabra, el hombre franco y honesto debe ser algo como aquel que exhala un olor particular: que al aproximarse a él uno sienta buen o mal olor, según con quien trata.
>
> MARCO AURELIO, *MEDITACIONES*, 11.15

> Es conforme a la naturaleza rodear de afecto a los amigos y alegrarse del progreso de ellos como del propio; porque, si tal no hiciéramos, tampoco permanecería firme en nosotros la virtud que mantiene el vigor ejercitándose.
>
> SÉNECA, *EPÍSTOLAS MORALES A LUCILIO*, 109.15

15 de octubre ¿Le daré a los demás el beneficio de la duda?

REFLEXIÓN MATUTINA

REFLEXIÓN NOCTURNA

16 de octubre ¿Cómo puedo compartir esta filosofía que tanto me ha ayudado?

REFLEXIÓN MATUTINA

REFLEXIÓN NOCTURNA

17 de octubre ¿Cómo puedo mostrar amabilidad a los demás?

REFLEXIÓN MATUTINA

REFLEXIÓN NOCTURNA

18 de octubre ¿Estoy evitando las amistades falsas y las malas influencias?

REFLEXIÓN MATUTINA

REFLEXIÓN NOCTURNA

19 de octubre ¿Qué buen hábito puedo practicar hoy para eliminar uno malo?

REFLEXIÓN MATUTINA

REFLEXIÓN NOCTURNA

20 de octubre ¿Mis principios se manifiestan en mi vida?

REFLEXIÓN MATUTINA

REFLEXIÓN NOCTURNA

21 de octubre ¿Soy capaz de hacer lo correcto sin preocuparme por el reconocimiento?

REFLEXIÓN MATUTINA

REFLEXIÓN NOCTURNA

SEMANA XLIII

CONSTRUYE, NO DESTRUYAS

¿Hay un entorno de trabajo peor que aquel en el que la intimidación y la imposición son la norma? A veces parece que los líderes creen que esto forma parte de la naturaleza del trabajo, que están ahí para controlar y mantener a la gente en su sitio. En realidad, tratar mal a los demás es increíblemente contraproducente. Pete Carroll, entrenador de los Seattle Seahawks, plantea una pregunta: Si la confianza en uno mismo es tan importante para los jugadores, ¿por qué un entrenador haría algo para dañarla? Marco Aurelio, que tenía el poder de derribar a cualquiera si quería, casi nunca lo hizo. En cambio, se recordó a sí mismo que era mejor ser constructivo: pensar en la comunidad, ser modesto, dispuesto y tolerante con los demás. Estamos hechos para la cooperación (*synergia*) y para hacer obras en común (*praxeis koinonikas apodidonai*). Pensemos en esto en el futuro: ¿Cómo podemos ayudar a mejorar la autoconfianza de los demás? ¿Cómo podemos reforzar la nuestra al hacerlo?

> Es mejor luchador; pero no más generoso con los ciudadanos, ni más reservado, ni más disciplinado en los acontecimientos, ni más benévolo con los menosprecios de los vecinos.
>
> MARCO AURELIO, *MEDITACIONES*, 7.52

> Cuando te cueste trabajo levantarte, acuérdate de que una de las prerrogativas de tu condición particular y de la naturaleza humana consiste en dedicarse a ocupaciones útiles a la sociedad y que si continúas durmiendo serás como una bestia. Así pues, lo que es conforme con la naturaleza de cada uno, le es más propio y adecuado.
>
> MARCO AURELIO, *MEDITACIONES*, 8.12

22 de octubre ¿De verdad estoy mejorando o solo persigo la vanidad?

REFLEXIÓN MATUTINA

REFLEXIÓN NOCTURNA

23 de octubre ¿Estoy mostrando mis mejores cualidades?

REFLEXIÓN MATUTINA

REFLEXIÓN NOCTURNA

24 de octubre ¿Cuánta bondad puedo encontrar dentro de mí? ¿Puedo sacarla al exterior?

REFLEXIÓN MATUTINA

REFLEXIÓN NOCTURNA

25 de octubre ¿Cuáles son mis obligaciones en esta vida?

REFLEXIÓN MATUTINA

REFLEXIÓN NOCTURNA

26 de octubre ¿Son mis metas naturales, morales y racionales?

REFLEXIÓN MATUTINA

REFLEXIÓN NOCTURNA

27 de octubre ¿Qué malos comportamientos o elecciones me persiguen?

REFLEXIÓN MATUTINA

REFLEXIÓN NOCTURNA

28 de octubre ¿Qué puedo hacer para ser parte de algo más grande que yo?

REFLEXIÓN MATUTINA

REFLEXIÓN NOCTURNA

SEMANA XLIV

ACEPTA LO QUE HAY

La Plegaria de la Serenidad de Reinhold Niebuhr es un mantra para muchos: «Señor, concédeme la serenidad para aceptar todo aquello que no puedo cambiar, el valor para cambiar lo que soy capaz de cambiar, y la sabiduría para entender la diferencia». Los estoicos no se limitaban simplemente a «aceptar» lo que hay, sino que también se mostraban felices y agradecidos por ello. Epicteto enseñó que conseguimos una buena vida cuando deseamos cualquier cosa que tenga que pasar, no lo que querríamos que pasara, y Marco Aurelio añadió que debemos aceptar cualquier cosa que se nos presente con gratitud. En lugar de decir «desearía que esto fuera diferente, pero lo soportaré», se trata de actuar diciendo «me alegro de que haya ocurrido así. Es lo mejor». Pruébalo esta semana.

> No trates de que las cosas ocurran como tú quieres; quiere, más bien, que las cosas que ocurren sean como son, y la vida transcurrirá con tranquilidad.
>
> EPICTETO, *ENQUIRIDIÓN*, 8

> «En eso consiste la educación, en aprender a querer cada una de las cosas tal y como son».
>
> EPICTETO, *DISERTACIONES POR ARRIANO*, 1.12.15

> Es suficiente la opinión presente que capta lo real, la acción presente útil a la comunidad y la presente disposición capaz de complacer a todo lo que acontece procedente de una causa exterior.
>
> MARCO AURELIO, *MEDITACIONES*, 9.6

29 de octubre ¿Cómo puedo mejorar mi carácter?

REFLEXIÓN MATUTINA

REFLEXIÓN NOCTURNA

30 de octubre ¿Qué tiempo puedo recuperar y cómo lo utilizaré?

REFLEXIÓN MATUTINA

REFLEXIÓN NOCTURNA

31 de octubre ¿Qué buenas acciones puedo realizar hoy?

REFLEXIÓN MATUTINA

REFLEXIÓN NOCTURNA

1 de noviembre ¿Puedo amar *todo* lo que suceda hoy?

REFLEXIÓN MATUTINA

REFLEXIÓN NOCTURNA

2 de noviembre ¿Puedo tomar mis decisiones aceptando lo que sea?

REFLEXIÓN MATUTINA

REFLEXIÓN NOCTURNA

3 de noviembre ¿Cómo puedo conseguir que lo que sucede sea exactamente lo que necesito?

REFLEXIÓN MATUTINA

REFLEXIÓN NOCTURNA

4 de noviembre ¿Es el cambio realmente tan malo? ¿Y el *statu quo* tan bueno?

REFLEXIÓN MATUTINA

REFLEXIÓN NOCTURNA

SEMANA XLV

TU VERDADERO PODER

Hay un poder efímero y un poder verdadero. El poder efímero puede ser arrebatado, mientras que el poder verdadero está en nuestra mente y en nuestro cuerpo. El primero tiende a relacionarse con la riqueza, la fama, la clase social y la influencia que todo esto nos da sobre los demás. Los estoicos pensaban que este tipo de poder era inferior al verdadero poder que cada persona posee: el poder de nuestra mente para razonar y hacer juicios y elecciones basadas en el valor real de las cosas. Puedes tener ambos poderes, pero solo si mantienes el primero supeditado al segundo, que es el que verdaderamente importaba a los estoicos.

> Que esto mismo es la virtud del hombre feliz y su feliz curso de vida, puesto que todas las cosas se hacen por el concepto y armonía del genio propio de cada uno, según la voluntad del director del universo.
>
> CRISIPO CITADO EN DIÓGENES LAERCIO, *VIDAS DE LOS FILÓSOFOS MÁS ILUSTRES*, 7.62

> ¿Confiando en qué? No en la fama ni en el dinero ni en las magistraturas, sino en su propia fuerza, es decir, en sus opiniones sobre lo que depende de nosotros y lo que no depende de nosotros. Pues eso es lo único que hace a los libres, a los que no tienen trabas, lo que hace levantar el cuello a los humillados, lo que hace mirar directamente a los ojos de los ricos y los tiranos.
>
> EPICTETO, *DISERTACIONES POR ARRIANO*, 3.26.34-35

> Acaba alguna vez de conocer que posees en ti mismo algo más noble, más divino que los objetos que excitan en ti las pasiones y te agitan, en una palabra, a manera de un títere. ¿Cuál es ahora mi pensamiento? ¿Acaso el temor, la sospecha, la codicia u otra pasión análoga?
>
> MARCO AURELIO, *MEDITACIONES*, 12.19

5 de noviembre ¿Mi carácter está ayudando a que mi vida fluya correctamente?

REFLEXIÓN MATUTINA

REFLEXIÓN NOCTURNA

6 de noviembre ¿Estoy preparado para afrontar los avatares de la suerte y el destino?

REFLEXIÓN MATUTINA

REFLEXIÓN NOCTURNA

7 de noviembre ¿Estoy tratando de dominarme a mí mismo o a los demás?

REFLEXIÓN MATUTINA

REFLEXIÓN NOCTURNA

8 de noviembre ¿Cuál es mi papel en el juego de la vida?

REFLEXIÓN MATUTINA

REFLEXIÓN NOCTURNA

9 de noviembre ¿Qué principios me guiarán a través del cambio?

REFLEXIÓN MATUTINA

REFLEXIÓN NOCTURNA

10 de noviembre ¿Qué quedará cuando todo pase?

REFLEXIÓN MATUTINA

REFLEXIÓN NOCTURNA

11 de noviembre ¿Qué falso juicio puedo desterrar hoy?

REFLEXIÓN MATUTINA

REFLEXIÓN NOCTURNA

SEMANA XLVI

JÚZGATE A TI MISMO, NO A LOS DEMÁS

No hay nada menos filosófico que ser un sabelotodo. Esto se vuelve especialmente cierto en aquellos que utilizan sus conocimientos para reprender a otros por sus errores mientras proclaman su superioridad intelectual. Los estoicos enseñan que comportarse de esta manera es ignorar todo el propósito de la filosofía como una herramienta de autocorrección, una medicina para nuestras almas, y no un arma para humillar a los demás. Las cartas de Séneca emplean en dos ocasiones la metáfora de limpiar o raspar nuestras faltas. Necesitamos vernos a nosotros mismos «al cuidado de los principios de la filosofía», o, como dijo Epicteto al referirse a la sala de conferencias del filósofo, tenemos que verla como un hospital para nuestra propia terapia. No te permitas escribir una sola queja o problema con otra persona esta semana en la agenda: céntrate en lo que te afecta a ti.

> De la propia filosofía no deberás hacer ostentación: muchos incurrieron en peligro por haberla practicado con insolencia y obstinación: que te libere a ti de los vicios y no eche en cara a los demás los suyos.
>
> SÉNECA, *EPÍSTOLAS MORALES A LUCILIO*, 103.4-5

> [Hay algunos] espíritus ávidos en asimilar la virtud o fecundos en producirla. Por el contrario, a los que están embotados, insensibles o esclavizados por malos hábitos les ha de quitar la herrumbre del alma restregándola largo tiempo... del mismo modo que a los propensos hacia la virtud los eleva hasta la perfección el que les enseña los principios filosóficos, así también este ayudará a los más débiles y los librará de falsos prejuicios.
>
> SÉNECA, *EPÍSTOLAS MORALES A LUCILIO*, 95.36-37

> La escuela del filósofo, señores, es un hospital: no habéis de salir contentos, sino dolientes; pues no vais sanos.
>
> EPICTETO, *DISERTACIONES POR ARRIANO*, 3.23.30

12 de noviembre ¿Puedo dejar hoy de cargar la responsabilidad en los demás?

REFLEXIÓN MATUTINA

REFLEXIÓN NOCTURNA

13 de noviembre ¿Quejarse sirve de algo?

REFLEXIÓN MATUTINA

REFLEXIÓN NOCTURNA

14 de noviembre ¿Añadiré pensamientos negativos a mis problemas?

REFLEXIÓN MATUTINA

REFLEXIÓN NOCTURNA

15 de noviembre ¿Aceptaré hoy el flujo del cambio?

REFLEXIÓN MATUTINA

REFLEXIÓN NOCTURNA

16 de noviembre ¿Puedo dejar de esperar y de temer ciertos resultados?

REFLEXIÓN MATUTINA

REFLEXIÓN NOCTURNA

17 de noviembre ¿Es realmente mi labor juzgar a otras personas?

REFLEXIÓN MATUTINA

REFLEXIÓN NOCTURNA

18 de noviembre ¿Estoy practicando buenos pensamientos estoicos?

REFLEXIÓN MATUTINA

REFLEXIÓN NOCTURNA

SEMANA XLVII

PRACTICA DEJAR IR

Sufrimos cuando perdemos aquello que amamos, y sufrimos más cuando perdemos a las personas que amamos, una parte natural e inevitable de la vida. Los estoicos dicen que este sufrimiento aumenta porque nos creemos poseedores de los objetos que amamos, pensamos que son, como nos gusta decir, «parte de nosotros». Esta creencia no aumenta nuestro amor y cuidado hacia ellos, sino que es una forma de apego que ignora el simple hecho de que no podemos controlar lo que sucederá, ni a nuestros propios cuerpos ni mucho menos a aquellos que amamos. Epicteto enseñó un poderoso ejercicio: cada vez que des las buenas noches a un hijo querido, a un familiar o a un amigo, recuerda que estas personas son como un precioso y frágil cristal, y recuerda cómo de drásticamente pueden cambiar las cosas mientras duermes. Marco Aurelio también se esforzó para practicar este ejercicio con su propia familia mientras les arropaba por la noche. El objetivo no es ser morboso, sino crear un sentimiento de aprecio y de humildad. Durante esta semana, asegúrate de recordar que nada es eterno, y hazlo especialmente pensando en tus seres queridos.

> Cuando experimentes los dolores de perder algo, no lo trates como una parte de ti mismo, sino como un cristal que se puede romper, para que cuando caiga lo recuerdes y no te preocupes. También así en esto: cuando beses a un hijito tuyo o a un hermano o a un amigo, nunca dejes ir del todo tu fantasía ni permitas que tu efusión vaya hasta donde ella quiera, sino tira de ella, contenla, como los que están en pie a espaldas de los que celebran el triunfo y les recuerdan que somos humanos. Tú también recuérdate a ti mismo algo así: que amas a un mortal, que no amas nada de lo tuyo; te ha sido dado para este momento, no como cosa inalienable ni para siempre.
>
> EPICTETO, *DISERTACIONES POR ARRIANO*, 3.24.84-86

> El sabio nada puede perder: todo lo ha basado en sí mismo, no confía nada a la suerte, tiene sus bienes en un lugar seguro, contento con su virtud, que no tiene necesidad de lo fortuito y por tanto no puede aumentar ni menguar.
>
> SÉNECA, *SOBRE LA FIRMEZA DEL SABIO*, 5.4

19 de noviembre ¿Aceptaré las circunstancias y seguiré luchando para hacer el bien y ser bueno?

REFLEXIÓN MATUTINA

REFLEXIÓN NOCTURNA

20 de noviembre ¿Dónde puedo encontrar la eternidad que hay en cada instante?

REFLEXIÓN MATUTINA

REFLEXIÓN NOCTURNA

21 de noviembre ¿Cómo puedo conseguir vivir con plenitud cada minuto de mi vida?

REFLEXIÓN MATUTINA

REFLEXIÓN NOCTURNA

22 de noviembre ¿Que es lo que, de una manera irracional, temo perder?

REFLEXIÓN MATUTINA

REFLEXIÓN NOCTURNA

23 de noviembre ¿Por qué mi poder de elección es tan resiliente y flexible?

REFLEXIÓN MATUTINA

REFLEXIÓN NOCTURNA

24 de noviembre ¿Qué puedo hacer para ver a mis seres queridos como bendiciones y no como posesiones?

REFLEXIÓN MATUTINA

REFLEXIÓN NOCTURNA

25 de noviembre ¿Realmente tener más dinero mejorará las cosas?

REFLEXIÓN MATUTINA

REFLEXIÓN NOCTURNA

SEMANA XLVIII

HAZ CADA DÍA EL BALANCE DE LOS LIBROS DE TU VIDA

Escribir un diario es una forma de recopilar nuestras experiencias vitales, nuestras percepciones, frustraciones, dificultades y triunfos inesperados. Con ello estamos haciendo una estimación de nuestro progreso vital. A Séneca, cuyo suegro se encargaba de llevar los libros contables del granero de Roma, le gustaba la metáfora de hacer todos los días el balance de los libros de la vida, como si fuesen libros contables. En vez de posponer, nuestro impulso diario debería ser, en la medida de lo posible, llevar las cosas a su conclusión. ¿Por qué? Porque no sabemos lo que nos deparará el mañana. Epicteto también les decía a sus alumnos que lo importante era empezar: a practicar, a aprender y a mejorar. Siéntete orgulloso de encontrarte en este viaje y reflexiona sobre lo lejos que has llegado (y sobre lo que todavía te queda por recorrer).

> Modelemos nuestra alma como si hubiéramos llegado al término. No aplacemos nada; cada día ajustemos las cuentas con la vida... Aquel que todos los días sabe dar la última mano a su vida no siente la necesidad del tiempo.
>
> SÉNECA, *EPÍSTOLAS MORALES A LUCILIO*, 101.7-8

> Créeme, es mejor sacar las cuentas de la vida de uno que las del trigo público.
>
> SÉNECA, *SOBRE LA BREVEDAD DE LA VIDA*, 18.3-4

> Soy vuestro educador y vosotros ahora os educáis conmigo. Y yo tengo este proyecto: haceros libres de trabas, incoercibles, sin impedimentos, libres, venturosos, felices, con la vista puesta en la divinidad para todo, lo pequeño como lo grande; y vosotros estáis aquí para aprender y ejercitaros en ello. ¿Por qué, entonces, no lleváis a cabo la tarea, si también vosotros tenéis un proyecto como es debido y yo poseo para ese proyecto una preparación como es debido? ¿Qué es lo que falta?... El propio asunto es factible y depende solo de nosotros... Dejemos el pasado atrás. Simplemente, empecemos; creedme y veréis.
>
> EPICTETO, *DISERTACIONES POR ARRIANO*, 2.19.29-34

26 de noviembre ¿Con qué absurdas comparaciones me estoy haciendo daño?

REFLEXIÓN MATUTINA

REFLEXIÓN NOCTURNA

27 de noviembre ¿Qué fuentes de malestar puedo evitar?

REFLEXIÓN MATUTINA

REFLEXIÓN NOCTURNA

28 de noviembre ¿Qué es lo que me preocupa y sobre lo cual he callado?

REFLEXIÓN MATUTINA

REFLEXIÓN NOCTURNA

29 de noviembre ¿Cómo puedo estar menos alterado y quejarme menos por ello?

REFLEXIÓN MATUTINA

REFLEXIÓN NOCTURNA

30 de noviembre ¿Estoy preparado para aceptar la atracción del universo?

REFLEXIÓN MATUTINA

REFLEXIÓN NOCTURNA

1 de diciembre Si hoy viviera como si fuera mi último día, ¿qué haría?

REFLEXIÓN MATUTINA

REFLEXIÓN NOCTURNA

2 de diciembre ¿Cómo puedo hacer que mis acciones sirvan para algo?

REFLEXIÓN MATUTINA

REFLEXIÓN NOCTURNA

SEMANA XLIX

SÉ EGOÍSTA CON TU TIEMPO

Uno de los dichos que solemos oír frecuentemente es «la vida es corta». Y así es... pero, como decía Séneca, también es muy larga si se sabe aprovechar. ¿Cuál es el primer paso para hacerlo? No regalar tanto tiempo a otras personas. Ser egoístas con nuestro tiempo es un ejercicio poderoso, que puede evitar que derrochemos este recurso no renovable. ¿Qué cosas consumen demasiado tiempo de tu vida sin ningún propósito? ¿Qué entretenimientos y deseos consumen nuestro tiempo sin darnos ningún beneficio? Cuando revises esta lista, comprométete a hacer algo al respecto. Al fin y al cabo, la vida es corta, no nos sobra tiempo.

> Aunque todos los talentos que en algún momento han brillado están de acuerdo en este solo punto: en ningún momento se admirarán bastante de esta ofuscación de la mente de los hombres. No consienten que nadie invada sus fincas y, si surge un pequeño conflicto sobre la dimensión de los terrenos, acuden corriendo a las piedras y a las armas: dejan que otros entren en su vida, es más, ellos mismos introducen incluso a sus futuros propietarios. No se encuentra nadie que quiera repartir su dinero: ¡entre cuántos distribuye cada uno su vida! Son estrictos a la hora de conservar su patrimonio, en cuanto hay ocasión de malgastar el tiempo, pródigos por demás con lo único en lo que la avaricia resulta honorable.
>
> SÉNECA, *SOBRE LA BREVEDAD DE LA VIDA*, 3.1-2

> No tenemos escaso tiempo, sino que perdemos mucho. Nuestra vida es suficientemente larga y se nos ha dado en abundancia para la realización de las más altas empresas, si se invierte bien toda entera; pero en cuanto se disipa a través del lujo y la apatía, en cuanto no se dedica a nada bueno, cuando por fin nos reclama nuestro último trance nos percatamos de que ya ha transcurrido la vida que no comprendimos que corría. Así es: no recibimos una vida corta, sino que nos la hacemos.
>
> SÉNECA, *SOBRE LA BREVEDAD DE LA VIDA*, 1.3-4

3 de diciembre ¿Qué problemas prácticos resuelvo con esta filosofía?

REFLEXIÓN MATUTINA

REFLEXIÓN NOCTURNA

4 de diciembre ¿Qué cosas poseo realmente?

REFLEXIÓN MATUTINA

REFLEXIÓN NOCTURNA

5 de diciembre ¿Qué pensamientos desagradables puedo afrontar y utilizar en mi beneficio?

REFLEXIÓN MATUTINA

REFLEXIÓN NOCTURNA

6 de diciembre ¿Qué puedo hacer para *vivir* ahora, mientras pueda?

REFLEXIÓN MATUTINA

REFLEXIÓN NOCTURNA

7 de diciembre ¿Puedo apreciar la oportunidad que me brinda el Destino?

REFLEXIÓN MATUTINA

REFLEXIÓN NOCTURNA

8 de diciembre ¿Hay algún sentimiento que deba afrontar?

REFLEXIÓN MATUTINA

REFLEXIÓN NOCTURNA

9 de diciembre ¿Digo que no lo suficiente?

REFLEXIÓN MATUTINA

REFLEXIÓN NOCTURNA

SEMANA L

SIGUE EL RITMO

Marco Aurelio sabía que, como emperador, formaba parte de una historia grandiosa. Como filósofo, también sabía que todas las personas son parte de un ritmo que late tanto en la historia como en sus propias vidas, y le gustaba recordarse a sí mismo que no debía perder ese ritmo. Regresa a tu filosofía, se decía a sí mismo cuando se desviaba. No te dejes llevar por las distracciones. De hecho, esto le ocurría constantemente. Esa clase de consciencia (*prosoche,* prestar especial atención) la aprendió de Epicteto, que les decía a sus alumnos que, aunque no podamos ser perfectos, podemos rescatarnos a nosotros mismos cuando empezamos a perder el rumbo, cuando nos desviamos de lo que debemos hacer. ¿Puedes percibir ese ritmo esta semana? ¿Puedes citar alguna ocasión en la que te has sentido realmente atrapado en él?

> Con la observación de los sucesos pasados y de tantas transformaciones que se producen ahora, también el futuro es posible prever. Porque enteramente igual será su aspecto y no será posible salir del ritmo de los acontecimientos actuales. En consecuencia, es lo mismo haber investigado la vida humana durante cuarenta años que durante diez mil. Pues ¿qué más verás?
>
> Marco Aurelio, *Meditaciones,* 7.49

> Cuando, bajo el imperio de las circunstancias, experimentes involuntariamente una especie de trastorno, vuelve en ti mismo en seguida y, sobre todo, no interrumpas la marcha de tu conducta más de lo necesario. Cuanto más constantemente recobres tu conducta, tanto más dueño te harás de ella.
>
> Marco Aurelio, *Meditaciones*, 6.11

> Cuando relajes un momento la atención, no creas que la recuperarás cuando quieras, sino ten en cuenta que, por el error de hoy, tus asuntos irán peor en lo demás [...] ¿Es posible que uno ya no se equivoque? Imposible; pero sí es posible tender constantemente a no equivocarse. Pues sería deseable que, sin relajar nunca esta atención, quedáramos a salvo, al menos, de unos pocos errores.
>
> Epicteto, *Disertaciones por Arriano*, 4.12.1, 19

10 de diciembre ¿Qué recibo a cambio del tiempo que pierdo con tanta ligereza?

REFLEXIÓN MATUTINA

REFLEXIÓN NOCTURNA

11 de diciembre ¿Estoy viviendo con dignidad y valentía?

REFLEXIÓN MATUTINA

REFLEXIÓN NOCTURNA

12 de diciembre ¿Mantendré el ritmo de la vida, sin importar las interrupciones?

REFLEXIÓN MATUTINA

REFLEXIÓN NOCTURNA

13 de diciembre ¿Soy capaz de agradecer el tiempo que me ha sido dado?

REFLEXIÓN MATUTINA

REFLEXIÓN NOCTURNA

14 de diciembre ¿Cuál será mi legado?

REFLEXIÓN MATUTINA

REFLEXIÓN NOCTURNA

15 de diciembre ¿Voy a mejorar un poco hoy?

REFLEXIÓN MATUTINA

REFLEXIÓN NOCTURNA

16 de diciembre ¿Qué estoy haciendo para construir confianza en mí mismo?

REFLEXIÓN MATUTINA

REFLEXIÓN NOCTURNA

SEMANA LI

REIVINDICA TUS CONVICCIONES

Nos gusta coleccionar las citas de los grandes escritores y líderes que admiramos. Con frecuencia se convierten en mantras para afrontar la vida, proporcionándonos orientación y seguridad. Pero como nos recuerda Séneca, la verdad no tiene dueño. Necesitamos dedicar algo de tiempo y esfuerzo cada semana a desarrollar nuestra sabiduría, a construir nuestras propias afirmaciones basadas en el estudio, la práctica y el entrenamiento. De eso trata esta agenda. De reflexionar sobre la sabiduría estoica y añadirle la nuestra. Séneca nos instó a trazar nuestro propio camino, a tomar las riendas y a reivindicarnos. Pues bien, hagámoslo. Que estas páginas reflejen el conocimiento que has adquirido por propia experiencia. Deja que la inspiración que te ha llegado de los estoicos te permita crear tus propias tareas, recordatorios y perspectivas.

> Resulta indecoroso para uno ya anciano, o que frisa en la ancianidad, obtener sus conocimientos apoyándose en un libro de memorias. «Esto dijo Zenón»: ¿y tú, qué? «Esto dijo Cleantes»: ¿y tú qué? ¿Hasta cuándo te moverás al dictado de otro? Ejerce tú el mandato, expón alguna idea que llegue a la posteridad, ofrece algo y que ello sea de tu repuesto.
>
> SÉNECA, *EPÍSTOLAS MORALES A LUCILIO*, 33.7

> Entonces, qué, ¿no voy a seguir las huellas de los antiguos? Por supuesto, tomaré el camino trillado, mas si encontrare otro más accesible y llano, lo potenciaré. Quienes antes que nosotros abordaron estas cuestiones no son dueños, sino guías de nuestra mente. La verdad está a disposición de todos; nadie todavía la ha acaparado.
>
> SÉNECA, *EPÍSTOLAS MORALES A LUCILIO*, 33.11

> No hagas nada sin querer, ni que sea malo para la sociedad; ni sin reflexión, ni arrastrado en sentidos opuestos. No adornes superfluamente tus pensamientos. Procura hablar poco y no emprendas a la vez muchos asuntos… Conserva, además, siempre la misma serenidad; procura no reclamar la ayuda del vecino y no cuentes nunca con obtener la tranquilidad de espíritu fiándote en otro. En una palabra, hay que ser recto, pero no enderezado.
>
> MARCO AURELIO, *MEDITACIONES*, 3.5

17 de diciembre ¿Me conozco bien?

REFLEXIÓN MATUTINA

REFLEXIÓN NOCTURNA

18 de diciembre El destino que nos espera a todos está claro, pero ¿lo está mi propósito?

REFLEXIÓN MATUTINA

REFLEXIÓN NOCTURNA

19 de diciembre ¿En qué puedo centrarme que sea mucho, mucho más grande que yo?

REFLEXIÓN MATUTINA

REFLEXIÓN NOCTURNA

20 de diciembre ¿De qué tengo realmente tanto miedo?

REFLEXIÓN MATUTINA

REFLEXIÓN NOCTURNA

21 de diciembre ¿Cómo puedo sacarle el máximo partido al día de hoy y, con ello, a mi vida?

REFLEXIÓN MATUTINA

REFLEXIÓN NOCTURNA

22 de diciembre ¿Cómo voy a aumentar hoy mi sabiduría?

REFLEXIÓN MATUTINA

REFLEXIÓN NOCTURNA

23 de diciembre ¿Si relajara el estricto control sobre mi vida, qué pasaría?

REFLEXIÓN MATUTINA

REFLEXIÓN NOCTURNA

SEMANA LII

CONVIERTE TUS PALABRAS EN OBRAS

Marco Aurelio dedicó gran cantidad de tiempo a sus diarios. Sin embargo, en sus páginas encontramos que no dejaba de repetirse a sí mismo que debía desprenderse de ellos para no leerlos nunca más. ¿Por qué? Porque no quería que se convirtieran en una excusa para dejar de lado las tareas esenciales que debía realizar. El arte de vivir solo lo encontraremos en nuestros propios esfuerzos por ser buenas personas. No olvides nunca que ese es el objetivo de esta agenda. No se trata de llenar las páginas con bonitos pensamientos, sino de inspirarte a pasar a la acción, a convertir las palabras, como decía Séneca, en obras. Esta es la manera perfecta de terminar el año, con el último consejo estoico: Actúa para salvarte a ti mismo.

> No vagabundees más. Que no has de tener tiempo para releer tus notas, ni las antiguas historias de los romanos y los griegos, ni extractos de tratados que habías reservado para tu vejez. Apresúrate, pues, en llegar al fin; despídete de las vanas esperanzas y mira por tu bien, si tienes cuenta contigo mismo, hasta que sea posible.
>
> Marco Aurelio, *Meditaciones*, 3.14

> Has querido buscar la felicidad en esta vida, y ¿por cuántos caminos no te has extraviado? En los sofistas de las escuelas, en las riquezas, en la gloria, en los placeres, en ninguna parte has podido encontrarla. ¿Dónde está, pues? En la práctica de las acciones que la naturaleza del hombre exige. ¿Y el medio de practicarlas? Ateniéndose siempre a los principios que son el origen de nuestros deseos y de nuestras acciones. Pero ¿cuáles son estos principios? Los que engendran los verdaderos bienes y los verdaderos males, es decir, los que nos hacen discernir que solo es bueno en el hombre lo que lo hace justo, moderado, valeroso y libre; y que solo es malo lo que produce en él el efecto contrario a estas bellas cualidades.
>
> Marco Aurelio, *Meditaciones*, 8.1

> «Quiero recordar que la audición y la lectura de los filósofos deben ser aprovechadas en orden a conseguir la felicidad... para aprender preceptos útiles y máximas espléndidas y estimulantes que más tarde se traduzcan en obras. De tal suerte debemos aprenderlas, es decir, que las palabras se conviertan en obras».
>
> Séneca, *Epístolas morales a Lucilio*, 108.35

24 de diciembre ¿Puedo consumir menos para dejar más espacio a la virtud?

REFLEXIÓN MATUTINA

REFLEXIÓN NOCTURNA

25 de diciembre ¿Cómo puedo encontrar más energía y equilibrio?

REFLEXIÓN MATUTINA

REFLEXIÓN NOCTURNA

26 de diciembre ¿Cómo estoy malgastando mi vida?

REFLEXIÓN MATUTINA

REFLEXIÓN NOCTURNA

27 de diciembre ¿Es mi alma más fuerte que mi cuerpo?

REFLEXIÓN MATUTINA

REFLEXIÓN NOCTURNA

28 de diciembre Dentro de cien años, ¿quién será recordado?

REFLEXIÓN MATUTINA

REFLEXIÓN NOCTURNA

29 de diciembre ¿De qué me siento agradecido?

REFLEXIÓN MATUTINA

REFLEXIÓN NOCTURNA

30 de diciembre ¿Cómo puedo calmar mi mente en las situaciones difíciles?

REFLEXIÓN MATUTINA

REFLEXIÓN NOCTURNA

31 de diciembre ¿Cómo puedo transformar estas palabras en obras?

REFLEXIÓN MATUTINA

REFLEXIÓN NOCTURNA

MÁS CONSEJOS ESTOICOS

Aunque esta agenda fue diseñada para ser el compañero inseparable del *Diario para estoicos,* y este fue diseñado para leerse tantas veces como el lector quiera, es posible que busques aún más consejos y lecturas sobre el estoicismo. Esto es algo que estamos encantados de poder ofrecerte.

En primer lugar, en DailyStoic.com enviamos, en inglés, un correo electrónico gratuito de sabiduría estoica cada día. Si aún no te has inscrito ¡deberías hacerlo!

En segundo lugar, si estás buscando otros textos estoicos clásicos y modernos mientras escribes en tu agenda, tenemos algunas recomendaciones.

- *Meditations* de Marco Aurelio (recomendamos especialmente la traducción de Gregory Hays para la Modern Library).
- *Letters of a Stoic* de Séneca (la edición abreviada de Penguin Classics es maravillosa y también hay una edición completa y gratuita de Tim Ferriss)
- *Discourses and Selected Writings* de Epicteto (de nuevo, es difícil hacerlo mejor que Penguin Classics).
- *La ciudadela interior* de Pierre Hadot (este es un magnífico estudio en profundidad de la filosofía de Marco Aurelio y de sus motivaciones).
- *The Moral Sayings of Publilius Syrus: A Roman Slave* de Publilius Syrus (otro esclavo convertido en filósofo cuyos concisos epigramas te darán algo que escribir cada día)

Si quieres saber más sobre ejercicios y prácticas estoicas, y sus propósitos, te recomendamos las siguientes fuentes:

- Capítulo 3 de *Philosophy as a Way of Life* de Pierre Hadot's*: Spiritual Exercises from Socrates to Foucault* (Wiley-Blackwell, 1995)
- Capítulos 15 y 16 *Emotion and Peace of Mind* de Richard Sorabji's*: From Stoic Agitation to Christian Temptation* (Oxford University Press, 2000)
- Parte II de *The Philosophy of Cognitive Behavioural Therapy* de Donald Robertson's*: Stoic Philosophy as Rational and Cognitie Psychotherapy*

(Karnac Books, 2010) o su igualmente excelente *Stoicism and the Art of Happiness* (Hodder & Stoughton, 2013)

- Parte III de *How to Be a Stoic: Using Ancient Philosophy to Live a Modern Life*, de Massimo Pigliucci's (Basic Books, 2017)

Para una amplia selección de lecturas estoicas más allá de los títulos anteriores, hemos elaborado la siguiente lista, que se revisa y amplía continuamente en www.dailystoic.com/books-on-stoicism:

- James B. Stockdale's *Courage Under Fire: Testing Epictetus's Doctrines in the Laboratory of Human Behavior* (Hoover Institution Press, 1993)
- James Romm's *Dying Every Day: Seneca at the Court of Nero* (Vintage, 2014)
- Rob Goodman and Jimmy Soni's *Rome's Last Citizen: The Life and Legacy of Cato, Mortal Enemy of Caesar* (St. Martin's Griffin, 2014)
- Tom Wolfe's *A Man in Full* (Dial Press, 2001)
- William B. Irvine's *A Guide to the Good Life: The Ancient Art of Stoic Joy* (Oxford University Press, 2008)
- Alain de Botton's *The Consolations of Philosophy* (Vintage, 2001)
- Nassim Nicholas Taleb's *Antifragile: Things that Gain from Disorder* (Random House, 2014)
- James Miller's *Examined Lives: From Socrates to Nietzsche* (Picador, 2012)
- Nancy Sherman's *Stoic Warriors: The Ancient Philosophy Behind the Military Mind* (Oxford University Press, 2007)
- John Sellar's *Stoicism* (University of California Press, 2006)
- R. W. Sharples's *Stoics, Epicureans, and Skeptics: An Introduction to Hellenistic Philosophy* (Routledge, 1996)
- M. Andrew Holowchak's *The Stoics: A Guide for the Perplexed* (Bloomsbury Academic, 2008)
- F. H. Sandbach's *The Stoics* (Hackett Publishing Company, Inc., 1994)
- Margaret Graver's *Stoicism and Emotion* (University of Chicago Press, 2009)
- Brad Inwood's *The Cambridge Companion to the Stoics* (Cambridge University Press, 2003)
- Ronald Pies's *Everything Has Two Handles: The Stoic's Guide to the Art of Living* (Hamilton Books, 2008)

- Jules Evans's *Philosophy for Life and Other Dangerous Situations* (New World Library, 2013)
- Lawrence C. Becker's *A New Stoicism: Revised Edition* (Princeton University Press, 2017)
- Emily Wilson's *The Greatest Empire: A Life of Seneca* (Oxford University Press, 2014)

¿Estás interesado en aprender aún más sobre el estoicismo? DailyStoic.com es una página web en lengua inglesa a la que puedes suscribirte para recibir un correo electrónico diario, participar en debates, obtener consejos y mucho más.

Descuentos y ediciones especiales

Los títulos de Reverté Management (REM) se pueden conseguir con importantes descuentos cuando se compran en grandes cantidades para regalos de empresas y promociones de ventas. También se pueden hacer ediciones especiales con logotipos corporativos, cubiertas personalizadas o con fajas y sobrecubiertas añadidas.

Para obtener más detalles e información sobre descuentos tanto en formato impreso como electrónico, póngase en contacto con revertemanagement@reverte.com o llame al teléfono (+34) 93 419 33 36.

The Daily Stoic Journal
Agenda del diario para estoicos

© 2017, Ryan Holiday y Stephen Hanselman
All rights reserved.

Esta edición:
© Editorial Reverté, S. A., 2025

Loreto 13-15, Local B. 08029 Barcelona – España
revertemanagement.com

Fecha de publicación: octubre 2025

Edición en papel
ISBN: 978-84-10121-40-9

Editores: Ariela Rodríguez/Ramón Reverté
Coordinación editorial y maquetación: Patricia Reverté
Traducción: Genís Montrabà

Estimado lector, con la compra de ediciones autorizadas de este libro estás promoviendo la creatividad y favoreciendo el desarrollo cultural, la diversidad de ideas y la difusión del conocimiento. Al no reproducir, escanear ni distribuir ninguna parte de esta obra por ningún medio sin permiso estás respetando la protección del *copyright* y actuando como salvaguarda de las creaciones literarias y artísticas, así como de sus autores, permitiendo que Reverté Management continúe publicando libros para todos los lectores. En el caso que necesites fotocopiar o escanear algún fragmento de este libro, dirígete a CEDRO (Centro Español de Derechos Reprográficos, http://www.cedro.or). Gracias por tu colaboración.

Impreso en España – *Printed in Spain*
Depósito legal: B 12089-2024
Impresión y encuadernación: Liberdúplex
Barcelona – España

84/4

TAMBIÉN DE RYAN HOLIDAY

ESTUCHE DEL DIARIO PARA ESTOICO + AGENDA de RYAN HOLIDAY

Una guía fascinante para transmitir la sabiduría estoica a una nueva generación de lectores y mejorar nuestra calidad de vida. Su Agenda es un complemento perfecto para una reflexión más profunda sobre el estoicismo, así como indicaciones diarias y herramientas estoicas de autogestión.

LA QUIETUD ES LA CLAVE de RYAN HOLIDAY

La quietud es la clave propone una vía hacia el equilibrio interior en un mundo saturado de ruido, prisa y distracción. Esta edición te guía a través de enseñanzas estoicas, budistas y filosóficas para ayudarte a encontrar claridad, foco y paz mental. Con ejemplos prácticos y reflexiones atemporales, descubrirás cómo cultivar la quietud como herramienta esencial para tomar mejores decisiones, reducir el estrés y vivir con propósito.

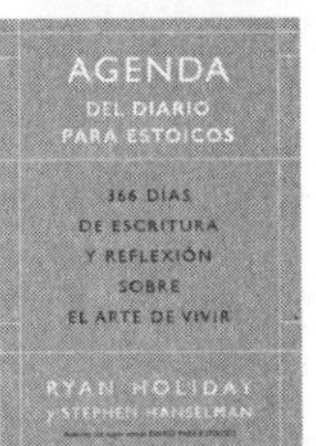

AGENDA DEL DIARIO PARA ESTOICOS de RYAN HOLIDAY

La agenda del diario para estoicos es una herramienta práctica y elegante para incorporar la sabiduría estoica en tu rutina diaria. Con espacio para reflexiones matutinas y vespertinas, preguntas clave y ejercicios semanales, esta agenda te guía hacia una vida más consciente, enfocada y equilibrada. Inspirada en las enseñanzas de los grandes filósofos estoicos, te ayuda a cultivar la claridad, la disciplina y la paz interior cada día del año.

DIARIO PARA PADRES ESTOICOS de RYAN HOLIDAY

Diario para padres estoicos, ofrece una guía diaria para aplicar la sabiduría estoica en uno de los mayores retos y regalos de la vida: la crianza. Con reflexiones prácticas y herramientas emocionales, este libro te acompaña en cada etapa del viaje como madre o padre, ayudándote a educar con paciencia, propósito y equilibrio. Inspirado en los valores de Marco Aurelio y Epicteto, es una brújula moderna para criar hijos con carácter en un mundo lleno de distracciones y presiones.

VIDA DE LOS ESTOICOS de RYAN HOLIDAY

Una exploración profunda y reveladora del estoicismo a través de las historias de quienes lo vivieron. Desde Zenón hasta Marco Aurelio, este libro recorre las vidas de pensadores, líderes y ciudadanos que encarnaron los principios estoicos en sus decisiones, desafíos y virtudes. Con breves biografías llenas de sabiduría práctica, ofrece una mirada humana y accesible a esta filosofía milenaria, convirtiéndose en una guía inspiradora para quienes buscan vivir con propósito, coraje y claridad en tiempos de incertidumbre.

Disponibles también en formato **e-book.**

Solicita más información en revertemanagement@reverte.com
www.revertemanagement.com
@revertemanagement

Gracias

REM*life*

En REM*life* imprimimos todos nuestros libros con papeles ecológicos certificados CPFC que contribuyen al uso responsable y conservación de los bosques.

100% sostenible / 100% responsable / 100% comprometidos